Zu diesem Buch

Oft genug sind Frauen als Opfer von Mißachtung und Unterdrückung, von Mißhandlung und Gewalt beschrieben worden. Auch wenn dies sicherlich für den größeren Teil der uns bekannten Kulturen zutrifft, so darf die Kehrseite dieser Diskriminierung doch nicht verschwiegen werden: Frauen sind auch als (Mit-)Täterinnen, als Kollaborateurinnen, als Komplizinnen der jeweils Herrschenden aufgetreten. Sie waren – wenngleich selten genug – auch an der Macht beteiligt.

Martha Mamozai erzählt in diesem Buch Geschichten von Frauen, die Gesetzlose, Kolonialistinnen, Nationalsozialistinnen, Terroristinnen gewesen sind – Geschichten, die die Vorstellung, daß dort, wo Frauen herrschen, das Leben anders, besser, friedlicher sei, in Zweifel ziehen. Sie bestreitet das, was große Teile der Frauenbewegung auf dem langen Marsch zur Macht als Fahne vor sich hertragen: das Klischee von den Frauen als dem «nicht aggressiven Geschlecht».

Vielleicht, so Martha Mamozai, sollten Frauen das «von Natur aus friedliebende Geschlecht» sein, aber sie waren es nicht. Sie möchte Bruchstellen der weiblichen Identität, Risse im weiblichen Ich aufzeigen und das Selbstbild von der weiblichen Unschuld erschüttern.

«Was not tut, ist, die schützenden Gärten der Unschuld zu verlassen, das Privileg der Unschuld – die Opferrolle zur Erhaltung eines ewig guten Gewissens – aufzugeben. Frauen nicht zu abstrakten Ideen verkommen zu lassen, sondern mit ihrem ungeteilten menschlichen Potential zu sehen, sich auch mit den ungeliebten verdrängten Eigenschaften auseinanderzusetzen. Sich umzusehen und Verbündete zu suchen im Geiste einer neuen Komplizenschaft, mit Frauen, Männern aus der ‹Ersten›, ‹Zweiten›, ‹Dritten›, ‹Vierten› Welt, die bereit sind, sich dafür einzusetzen, daß menschenwürdiges, selbstbestimmtes Leben für alle Menschen möglich wird, überall in dieser Welt. Wir haben nur die eine und tragen alle mit an der Verantwortung für ihren Zustand, auch alle Frauen.»

MARTHA MAMOZAI, geboren 1944 in Bayern, arbeitete in Schreibstuben und Hotels, ging als Entwicklungshelferin nach Afghanistan, wurde auf dem zweiten Bildungsweg Diplom-Volkswirtin und Diplom-Soziologin, arbeitete in Frauengruppen in Hamburg und Berlin und in Djibouti/Afrika als Beraterin eines Frauen-Selbsthilfeprojekts, lebt heute in Oberbayern als freiberufliche Gutachterin für Entwicklungshilfeprojekte.

Ferner von Martha Mamozai bei rororo aktuell:

Schwarze Frau, weiße Herrin. Frauenleben in den deutschen Kolonien (Frauen aktuell Nr. 12506)

Martha Mamozai

Komplizinnen

Rowohlt

rororo aktuell
Herausgegeben von Ingke Brodersen

Originalausgabe
Veröffentlicht im Rowohlt Taschenbuch Verlag GmbH,
Reinbek bei Hamburg, März 1990
Copyright © 1990 by Rowohlt Taschenbuch Verlag GmbH,
Reinbek bei Hamburg
Alle Rechte vorbehalten
Umschlaggestaltung: Büro Hamburg – Jürgen Kaffer / Peter Wippermann
Satz Garamond (Linotronic 500)
Gesamtherstellung Clausen & Bosse, Leck
Printed in Germany
980-ISBN 3 499 12405 x

Inhalt

Dulden – Hinschauen – Mitmachen: Komplizinnen im deutschen Faschismus 99

Jetztzeit 155

Helen Silva
und allen
meinen philippinischen «KomplizInnen»
gewidmet.

Vorbemerkung

Ebbe in der Diskussion um Frauen als Opfer männlicher Gewalt und Ideologie, dafür steigt die Flut der Bücher und Artikel über Frauen und ihre Teilhabe an der Gestaltung der Zukunft, Diskussionen über Frauen und Macht, die weiblichen Werte – alles positive Eigenschaften – als Grundlage für eine neue, bessere Welt. Frauen machen sich ans Werk, die «gute Frau» zu beschwören, Männer springen auf diesen Zug auf, hängen sich an, übernehmen die neuen alten Vorurteile. Warum das, so frage ich mich, und woher kommt die Sicherheit, mit der die neue Heilslehre verkündet und behauptet wird, Frauen seien die besseren Menschen? Laßt Frauen an die Macht, und die Probleme der Menschheit werden zum Wohle aller gelöst? Ist das ein Ausdruck von Orientierungslosigkeit? Oder von mangelnder Kenntnis der Geschichte?

Dieses Buch versucht, einen Beitrag zu dieser Diskussion zu leisten: Es spürt den anderen Frauen nach, denen, die das ungetrübte Bild der «guten Frau» stören – Mißtöne erzeugen in der Harmonie des Hohenlieds von den Frauen als den besseren Menschen. Es erzählt von Frauen, die sich auf die Seite von Unrecht und Gewalt gestellt haben und so zu Komplizinnen HERRschender Männerideologien, Mittäterinnen und Mitschuldigen geworden sind.

Von Labyrinthen, Dschungeln
und Versuchungen

Um es gleich vorwegzunehmen: dieses Buch stellt mehr Fragen, als es beantworten kann. Es ist nichts Fertiges, nichts Abgeschlossenes, vielmehr voller Brüche, eine Suche, ein Sichvorantasten. Es ist auch voller Emotionen, gibt nicht vor, «wertfrei» zu sein, sondern versucht, im Gegenteil, Partei zu ergreifen mit allen Schwierigkeiten, die so etwas mit sich bringt. In gewisser Weise ist es auch eine Entdeckungsreise durch historische Dschungel und emotionale Labyrinthe und der Versuch einer Entmystifizierung.

In diesem ersten Kapitel will ich versuchen, auf Fußangeln, Stolpersteine, Versuchungen hinzuweisen, die ich entdeckt habe. Sie sollen helfen, sich in den Labyrinthen und Dschungeln zurechtzufinden. Das mögen längst nicht alle sein, und es ist durchaus möglich, daß ich mich dabei unbewußt selbst gelegentlich in Widersprüche verstricke. Ich nehme dieses Risiko bewußt in Kauf, denn mehr als alles andere soll dieses Buch ein Beitrag sein, der zum Mit- und Weiterdenken und zu Diskussionen anregt.

Die Schwierigkeiten beginnen mit dem Thema an sich. Es ist so lange tabuisiert gewesen, daß es zunächst fast schon Mut bedeutet, sich damit zu befassen. Aber warum sich überhaupt der Mühe unterziehen?

Ergänzung und Gegengewicht

In der Geschichte waren Frauen weithin das unsichtbare Geschlecht. Nur wenige Männer haben versucht, ihnen gerecht zu werden, blieben dabei aber häufig in ihren Werten, ihren Denkstrukturen befangen. Es ist deshalb berechtigt festzustellen, daß es das eindeutige Verdienst von Frauen ist, die historischen und kontemporären Leistungen von Frauen in Wissenschaft, Kultur und Gesellschaft ins öffentliche Bewußtsein zurückgeholt zu haben. Oft – zu oft? – ist ihre Unterdrückung beschrieben worden: Frauen als Opfer von Gewalt – was sie tatsächlich ja auch waren und sind. Aber dies ist nicht die ganze Wahrheit, denn es hat immer auch die Komplizinnen gegeben. Komplizinnen sind so verstanden also zunächst nichts weiter als eine *Ergänzung* zu dem Bild, das wir uns von Frauen gemacht haben. Aber sie sind auch ein notwendiges *Gegengewicht* zum Wunschbild von der «guten Frau».

In die Diskussion um Stellung und Rolle der Frauen hat sich nämlich ein Unterton eingeschlichen, der meiner Meinung nach gefährlich ist. Ich meine damit den fatalen Umkehrschluß der bisherigen Täter-(=Männer)Opfer(=Frauen)-Diskussion: das Klischee von der «typisch weiblichen Liebe zum Frieden», von den Frauen als dem «guten, nichtaggressiven Geschlecht», den «natürlichen Verbündeten im Kampf gegen die Zerstörung der Umwelt...». Beweise dafür wurden in dicken Studien und Schriften angehäuft, kritiklos das Matriarchat beschworen, jene sanfte, vom aggressiven Patriarch zum Untergang verdammte gewaltlose Gesellschaft. Die Ethnologie wurde bemüht, in sogenannten «ursprünglichen» (schlimmer: «primitiven») Gesellschaften Beweise dafür zu erbringen, daß dort, wo Frauen HERRschen, das Leben anders, besser sei. Und in vereinfachten Kurzschlüssen wurden Frauen mit euphorischen Selbstbeschwörungsformeln zum «von Natur aus friedliebenden Geschlecht» erklärt.

Vielleicht sollten Frauen so sein. Aber sie waren und sie sind es nicht.

Im «Manifest der vierten Welt» von Barbara Burris und anderen heißt es: «Für uns ist klar erwiesen, daß Frauen eine kolonialisierte Gruppe sind.» Und auch für Margarete Mitscherlich wurden Frauen «kolonialisiert wie andere unterdrückte Völker oder Volksteile auch»[1]. Das kann, Verzeihung, nur sagen, wer den Kolonialismus nicht kennt. – Ich bin dafür: die Einteilung der Welt in «erste, zweite, dritte, vierte» ist überholt. Doch darf das nicht dazu verleiten, die Unterschiede zu verwischen. Unter Bedingungen von absoluter Armut unterdrückt zu sein bedeutet mehr als einen graduellen Unterschied zu dem gleichen Phänomen in wohlhabenderen Gesellschaften. Unterdrückung hat jeweils eine *andere Qualität* und logischerweise damit auch die Komplizenschaft. Von *den* Frauen zu reden, ist bestenfalls auf einer höchst abstrakten «politischen» Ebene zulässig, wo es um strukturelle Benachteiligungen von Frauen geht. Die Schwäche dieser Sichtweise wird sofort deutlich, wenn es um konkrete Frauen und konkrete Probleme oder Lösungen geht.

Wer die Augen nicht verschließt vor den Widersprüchlichkeiten, denen auch Frauen (historisch) unterliegen, daß sie nämlich *auch* Komplizinnen von Herrschaft und Unterdrückung (gewesen) sind, wird zu einer realistischeren Neubewertung der Rolle von Frauen kommen und der Veränderungen, die von ihnen zu erwarten sind. Mit anderen Worten, die Komplizinnen bilden ein *Gegengewicht* zum Mythos von den Frauen als dem «guten», «friedfertigen», «humaneren», dem «besseren» Geschlecht. Seit Frauen in der Öffentlichkeit Feder und Wort ergriffen haben, ist dieser Mythos in immer neuen Variationen aufgetaucht, als Beschwörungsformel, Banner, Leitmotiv.

So zum Beispiel bei *Malvida von Meisenburg* (1816–1903), Schriftstellerin, aufmüpfige «Idealistin», die sich 1848 heimlich in die Frankfurter Nationalversammlung schlich – zu der Frauen keinen Zutritt hatten – und an der Hamburger Hochschule für Frauen lehrt, bis die Reaktion über die 48er Bewegung hingeschwappt und sie 1852 ins Exil geht, nach London, später nach Rom. In ihrem Buch «Kulturbilder», das um 1879 zum erstenmal veröffentlicht und danach noch einige Male neu aufgelegt wurde, fragt sie: «Und warum sollte es nicht der Probe wert sein, in diese Welt der noch so rohen männlichen Leidenschaften und Gesichtspunkte ein milderndes, versöhnendes Element einzuführen durch die Beteiligung von Frauen?... Warum also die humanisierenden Elemente ausschließen?»[2] Und das *Neue Frauenblatt* vom 12. Februar 1899 in seinem Leitartikel «Die Frauen und der Weltfriede» echot zurück: «Die Mission der Frau war stets die Liebe, der Friede, die Versöhnung.»

Ganz anders hingegen ihre Zeitgenossin *Hedwig Dohm* (1833–1919). Ihre 1872 erschienene geistreiche ironische Streitschrift «Was die Pastoren von den Frauen denken» ist bis heute eine Fundgrube blitzgescheiter Gedanken und Ideen geblieben. «Ich habe Männer mit absoluter Sicherheit über die angeborene Sanftmuth und Stille des weiblichen Charakters reden hören, und dieselben Männer standen, um es in der plattesten Volkssprache auszudrücken, in lächerlicher Weise unter dem Pantoffel ihrer Xanthippen», stichelt sie.[3] Und zielsicher demaskiert sie den Mythos von den «zarten Hausfrauen und sanften Müttern», indem sie Plutarch und andere lateinische Schriftsteller als Zeugen der Geschichte aufruft: «102 v. Chr., auf dem Schlachtfelde von Aix, als die Teutonen Gajus Marius erlegen waren und die Römer den fliehenden Feind bis zum Lager verfolgten, da kamen ihnen die teutonischen Weiber mit Schwertern und Beilen entgegen und trieben unter furchtbarem und wüthendem Geheule die Fliehenden sowohl als die Verfolgenden, jene als Verräther, diese als Feinde zurück, indem sie sich unter die Kämpfenden mischten, mit bloßen Händen die Schilde der Römer ergriffen, die Klingen der Schwerter faßten und, bis zum Tode unbesiegten Muthes, sich verwunden und in Stücke hauen ließen… Germanische Priesterinnen durchschnitten, über den Kessel gebeugt, den über den Rand desselben emporgehobenen Gefangenen die Kehle und weissagten aus dem Blut, das in den Kessel strömte.» Oder im Zeitalter der Völkerwanderung: «Schaudernd wenden wir uns hier von einer Weiblichkeit, die durch Wollust und Grausamkeit sich bis ins Ungeheuerliche verzerrt. Ich brauche nur Fredegunde und Brundhilde zu nennen, deren Thaten keine Hölle überbieten kann, Thaten, die nie ein Mann übertroffen…»

Auf die damalige zeitgenössische Forderung «von der Familienmutter zur Landesmutter» – eine der «Frauen-an-die-Macht»-Forderung unserer Tage verwandte Denkart – erwidert sie: «Man denke sich Katharina von Rußland, die zügellose Priesterin der Liebe, die Heldin, vor der zwei Erdteile zitterten, als Landesmütterchen!»[4] Für Hedwig Dohm hat kein Geschlecht das bessere Menschsein gepachtet: «Das Edle, Wahre und Gute, das kein Geschlecht hat, herrsche immerdar…»[5]

Zwei Generationen später, 1921, warnte eine andere Frau, die Psychologin und Soziologin *Mathilde Vaerting*, mit unmißverständlichen Worten: «Auf eine stärkere Anlage der Frau zur Friedensliebe dürfen wir nicht hoffen.»[6]

Und trotzdem: Unbeirrt spinnen andere bis in unsere Tage den Mythos unermüdlich weiter, beschwören ihn stets aufs neue: «Der Frau ist schon von Natur aus der Weg der Gewalt verwehrt», heißt es bei *Simone de Beauvoir*[7], und *Marielouise Janssen-Jurreit* behauptet, «daß Gewalt nie von Frauen gegen Männer ausgeübt wurde, daß es keine bewaffneten Auseinandersetzungen zwischen ihnen gab – höchstens im

Mythos der Amazonenkämpfe»[8]. – Schön, wenn es so gewesen wäre, aber so war und ist es nicht. Davon legen, wie wir sehen werden, vor allem die historischen Kapitel über Sklaverei, Kolonialismus und Faschismus beredtes Zeugnis ab.

Die Legendenbildung um die «guten» Frauen geht also weiter und bedarf deshalb dringend eines Gegengewichts. Warum aber, so frage ich mich, hält die Mystifizierung so verbissen an? Dafür mag es viele Gründe geben, unbewußte und bewußte, auf einige mögliche werden wir im Verlauf dieses Kapitels näher eingehen. Vom Ergebnis her betrachtet, und auch das läßt möglicherweise Rückschlüsse zu, bedeutet es eindeutig eine *Aufwertung* des weiblichen Geschlechts – Wiedergutmachung, Belohnung für erlittenes Unrecht? Balsam auf die Wunden? Narzißmus? Superiorkomplex aus Minderwertigkeitsgefühlen heraus? Verdrängung? Angst vor der ungeschminkten Wahrheit? Lüge? Selbstbetrug? – Wie dem auch sein mag, keine Halbwahrheit, kein Wunschdenken, kein Mythos wird wahrer durch Beschwörung, Wiederholung.

Komplizenschaft einzugestehen, heißt auch über Mitverantwortung, Mitschuld zu reden, eine schwierige, schmerzhafte Diskussion, der manche vielleicht lieber aus dem Wege gehen.

Komplizenschaft und Schuld

Komplizinnen – Helfershelfer, *Mit*wisser, *Mit*täter, *Mit*beteiligte, *Mit*schuldige verstehen wir gemeinhin unter dem Begriff. Mit wem? Wann? Wo? Auf welche Weise? Und warum? Fragen, die sich aufdrängen und denen wir im Verlaufe dieses Buches nachgehen werden. Zunächst nur soviel: *Für mich sind Komplizinnen die Frauen, die gemeinsame Sache gemacht haben mit männlicher Herrschaft, Ideologie, Gewalt und Unterdrückung.* Das kann bedeuten: die Männer sind die Macher, die Frauen Helferinnen. Zweifellos festigt diese Auslegungsmöglichkeit die vom Patriarchat gewollte Rolle der Frau als Gehilfin, eher Passive. Komplizenschaft heißt aber auch, die Verantwortung für die Ungeheuerlichkeiten zu teilen, die historisch begangen wurden. Dabei geht es nicht darum, das Gewissen der Männer zu erleichtern, sondern vielmehr darum, daß *nur, wer schuldfähig ist, ein ganzer Mensch ist.*

Allerdings, wenn hier von *Schuld* die Rede ist, dann nicht, um zu richten oder gar zu rächen, sondern um Verantwortlichkeiten zu erkennen und zu benennen – und daraus zu lernen. Doch selbst damit begeben wir uns ins Abseits; denn Schuld ist in unserem Land ein «verpöntes Reizwort», ein «feingesponnenes Netz der Nachsicht»[9]. Dies gilt, wie Ralph Giordano meint, indes nicht nur in bezug auf unser Verhältnis zu Nazideutschland. Das Eingeständnis von Schuld zählt in unserer Kultur grundsätzlich nicht zu den angesehenen Tugenden, sondern als Schwäche – auch dies ein Charakteristikum patriarchaler Kultur und männlicher Werte, das Frauen weithin übernommen, internalisiert haben.

Wenn wir uns die Frage nach der *Mitschuld* und historischen Verantwortung stellen, geraten wir unversehens in das Dickicht von Bewertungen, Moral, Parteinahme. Auch davor mögen manche vielleicht zurückschrecken. Denn: je nachdem, auf welcher Seite wir Frauen als Komplizinnen ausmachen und benennen, legen wir uns damit fest, geben wir die Seite preis, auf der wir stehen, die wir für die (historisch) «richtige» ansehen. Tun wir das nicht, so erübrigt sich logischerweise die Diskussion um die Komplizinnen. Doch damit nicht genug. Wir müssen weiter auch die Frage nach der *Wahl der Mittel* stellen; denn es ist möglich, wie wir später sehen werden, daß Frauen zwar «auf der richtigen Seite» stehen, aber vielleicht mit den «falschen Mitteln» kämpfen. Das kann fatale Folgen haben – nicht zuletzt für die Betroffenen selbst, wie Beispiele von Frauen in Befreiungskämpfen zeigen, Frauen, die daran zerbrechen, weil die strikte Unterwerfung unter männliche Normen, Regeln und Gesetze ihre Identität als Frau zerstört – wir werden später darauf zurückkommen. Keine bequemen Fragen also, und deshalb sind sie nicht beliebt.

Wagt eine Frau von Mittäterschaft zu reden – wie *Christina Thürmer-Rohr* in ihrem Buch «Vagabundinnen» –, da wird von anderen Frauen auch schon eilig eifrig abgewiegelt. *Alice Schwarzer* und *Joey Horsley*, zum Beispiel, erheben schützend beschwichtigenden Einspruch: «Frauen können schlimmstenfalls Komplizinnen in Abhängigkeit sein, nicht aber gleichberechtigte. Ohne substantielle theoretische und historische Analyse bleibt der Begriff ‹Mittäterschaft› einseitig und kontrovers. Indem er den von Frauen gegen das Patriarchat geleisteten Widerstand ausblendet sowie die Bedingungen, die Widerstand unmöglich gemacht haben, kann er nur allzu leicht dazu mißbraucht oder dahingehend mißverstanden werden, dem Opfer die Schuld zuzuschieben.» [10]

Das kann, so meine ich, jedem Argument widerfahren, jede Erkenntnis kann verbal oder auf Papier in ihr Gegenteil verkehrt werden. Wer wird da hasenfüßig gleich die Flinte statt auf den Papiertiger zu richten, freiwillig ins berühmte Korn werfen? Ganz zu schweigen davon, daß meine Erkenntnisse zunächst für mich selbst wichtig sind. Und ich möchte mich nicht Erkenntnissen verschließen, nur weil andere sie vielleicht mißbrauchen oder falsch interpretieren könnten. Das wäre die Schere im Kopf, embryonale Zensur sozusagen, der Gedanke wird abgetrieben, noch bevor er richtig zu Ende gedacht, ausgesprochen, oder gar zur Diskussion und damit Überprüfung freigegeben wird.

Warum sie so gefährlich ist und wohin die – logische – Konsequenz einer *Haupttäterthese* schließlich auch führen kann, soll an einem Beispiel verdeutlicht werden: «Im Prozeß gegen das Einsatzkommando Tilsit ermittelte das Ulmer Schwurgericht als Haupttäter Hitler, Himmler und Heydrich – sie hätten sich des Mordes nach Paragraph 211 schuldig gemacht. Wie die drei Verblichenen, so hatten nach Ansicht des Gerichts auch die zehn Angeklagten das Bewußtsein der Rechtswidrigkeit gehabt, als sie über 4000 Juden im litauischen Grenzgebiet, darunter viele Frauen und Kinder, auf die grausamste Weise umbrachten. Aber von sich aus – so weiter in der Urteilsbegründung –, ohne die Haupttäter Hitler, Himmler und Heydrich, wären die Angeklagten nie nach Litauen einmarschiert, und also hätten sie dort auch nicht die Morde begangen, die ihnen nun zur Last gelegt wurden.» [11] Die Haupttäterthese wird so zum Persilschein für individuelle Verantwortung und Schuld.

Ich möchte hier nicht der Frage nachgehen, ob es historisch tatsächlich Situationen gegeben hat, in denen *Widerstand* «unmöglich» war. Was ist denn Widerstand? Aktionen, die *wir* als Widerstand definieren? Gibt es nicht vielmehr Bedingungen, unter denen Überleben bereits Widerstand bedeutet? Für Pauli Murray gilt das zum Beispiel für die

Afro-Amerikanerinnen in den USA[12], oder denken wir an hinduistische Frauen und den Brauch der Sati, der Witwenverbrennung. Sich diesem Brauch zu widersetzen, also zu überleben, heißt für die Betreffenden, sich Ausschluß aus der Gemeinschaft, Verachtung, ja Verfolgung auszusetzen. Das schlichte Weiterleben dieser Frauen als Widerstand zu begreifen, setzt allerdings voraus, die Bedingungen zu kennen, unter denen solche mutigen Akte sich vollziehen. Und diese Bedingungen zu kennen erfordert, die abstrakte Ebene «aller Frauen» zu verlassen und sich statt dessen auf konkrete Bedingungen konkreter Menschen einzulassen. Haben wir nicht auch hier in der Überprüfung der Kategorie «Widerstand» einen Nachholbedarf?

Und diese *Theoriegeilheit*, in meinen Augen ist sie Ausdruck dessen, wie sehr wir doch im traditionellen Wissenschaftsdenken befangen bleiben – trotz aller gegenteiligen Beteuerungen. Wenn nicht gleich zu jedem neuen Gedanken das entsprechende Theoriekorsett mitgeliefert werden kann, rümpfen die Hüterinnen des Feminismus die Nase, ignorieren unsereins – im besten Fall – oder attackieren und sind dabei beileibe nicht zimperlich! Ich habe das am eigenen Leib erfahren. Aber es hindert mich nicht, auch in diesem Buch wieder historische Phänomene aufzugreifen, vorzustellen – und zur Diskussion zu stellen, die ich noch nicht einordnen kann in eine schlüssige Theorie. Denn soviel habe ich gelernt: Nichts ist für die Ewigkeit, auch keine Erkenntnis, schon gar keine Definition. Alles ist im Fluß. Mit jeder neuen Information muß alles neu in Frage gestellt werden können.

Das beginnt beispielsweise mit unserer *Begrifflichkeit*, den Namen mit denen wir bestimmte Ereignisse, Phänomene, Zustände kennzeichnen und benennen. Wir können nicht mehr unbefangen mit ihnen umgehen, zu viele haben sie für sich schon in Anspruch genommen. Sie sind «belegt» mit widersprüchlichen, ja widerstreitenden Inhalten. Auch dazu einige Beispiele und Anmerkungen.

Die *Revolution*, zum Beispiel, wer hat sie nicht schon für sich reklamiert! Wir kennen die «französische», «kubanische», «russische», die «bürgerliche», die «industrielle»... Auch die Nationalsozialisten sprachen von ihrer Revolution, aber auch antikoloniale Befreiungsbewegungen und – in jüngerer Zeit auch einer, den wohl niemand in diesem Lager vermutet hätte: Ronald Reagan. Anläßlich einer Abschiedsfeier sagte der ehemalige Präsident der US-amerikanischen Weltmacht: «Wir waren alle Revolutionäre, und die Revolution war ein großer Erfolg.»[13] Was könnte mir da noch eine «*feministische* Revolution» bedeuten?

Amazone der Freiheit titulierte die chilenische Reaktion eine der Ihren, die im Badeanzug auf dem Pferd von ihrem Großgrundbesitz im Süden des Landes bis in die Hauptstadt ritt, um so die «Ausplünderung» durch Allendes Volksfrontregierung zu demonstrieren. Und *Frauenmacht* (el poder femenino) hieß der weibliche aktive Zweig der ultrarechten paramilitärischen Gruppe «Vaterland und Freiheit» – zur gleichen Zeit im gleichen Land.[14]

Ja, *Vaterland* und *Freiheit*, ebenfalls inflationäre Etikette, wie viele Interpretationen haben sie schon erfahren! Wozu haben sie nicht schon als Rechtfertigung gedient! Wie viele Frauen haben sich von ihnen verführen lassen! Selbst *Frieden*, diesen scheinbar eindeutigen Begriff, kann man mit unterschiedlichsten Inhalten füllen: Abwesenheit von Krieg, «wehrhafter» Friede, Aufrüstung zu Verteidigungszwecken, Friedhofsruhe…

Im Etikettenschwindel sind wir Deutschen wahre Meister. Im Volk der Dichter und Denker heißen die Kolonien *Schutz*gebiete, das Militär, das die Unrechtsherrschaft dort sichert, *Schutz*truppe – in Nazi-Deutschland wird der *Schutz* auf die Spitze getrieben: *Schutz*häftlinge heißen da die Opfer und *Schutz*staffel jene Gruppe, die im Reich und den bekriegten europäischen Ländern unter dem Kürzel SS Menschen terrorisierte, vernichtete, Grauen und Gewalt verbreitete.

Auch mit *Gewalt* tun wir uns schwer; selbst heute in der Bundesrepublik, immerhin die freiheitlichste Gesellschaftsordnung, die es je auf deutschem Boden gab: nicht wer Raketen aufstellt, Atomkraftwerke baut, Tiefflieger rasen läßt, ist in unserem Land *gewalttätig*, sondern wer friedlich dagegen demonstriert, zum Beispiel den Straßenverkehr blockiert!

Ja, Wortjongleure haben wieder Hochsaison, Verbalakrobaten stehen hoch im Kurs. Das einzige Mittel dagegen: sich nicht von Verpackungskünstlern blenden lassen, die Etikette ablösen und das, was sie benennen, auf Inhalt, Konsistenz und Praxis überprüfen, nichts ungefragt für bare Münze nehmen.

Die Augen schließen, Fehler, Mißstände gar nicht erst aufzudecken,

nur nach dem Edlen, Guten – sprich Widerstand – von Frauen zu forschen, den Gedanken einer Mittäterschaft von Frauen gar nicht erst
zuzulassen, heißt, sich eine Identität zurechtzustricken, die auf Selbstbetrug basiert. Einverstanden: die Mittäterschaft von Frauen muß bewiesen werden, muß historisch überprüfbar, muß nachvollziehbar
sein. Ich meine, daß es lohnt, die Spuren dort aufzunehmen, wo in
einer bestimmten geschichtlichen Konstellation Frauen sich individuell
für die Komplizenschaft entschieden haben. Es wird also die Rede sein
von Frauen, die Unrecht nicht nur schweigend dulden, sondern von
Frauen, die als konkrete historische Personen Gewalt angewendet, sich
freiwillig und als handelnde Subjekte auf die Seite der Täter gestellt
haben, *aktiven Komplizinnen* also, die auch die Wahl gehabt hätten,
sich anders zu entscheiden – trotz ihrer Abhängigkeit von Männern.

Oder soll Abhängigkeit als Freibrief gelten, alles zu verharmlosen,
gar zu entschuldigen, was Frauen zu verantworten haben? Das würde
uns zurückwerfen auf das Niveau galanter Patriarchen, die Frauen nur
als Schnörkel, Anhängsel, Objekt betrachten. Historische Forschung
um der Suche nach Identität willen würde so zur Farce.

Aber die Suche nach den Komplizinnen geht nicht ab, ohne auch
dunkle Seiten aufzudecken, und das führt uns bei der Suche nach den
Gründen, warum die Komplizinnen bisher so erfolgreich verdrängt
wurden, noch auf eine weitere Fährte.

Nestbeschmutzung

«Welches Nest denn sollte ein Vogel beschmutzen dürfen – wenn nicht
sein eigenes», sagt der österreichisch-jüdische Dichter Erich Fried über
seine Kritik an Israel. Nestbeschmutzung aber ist ein hartes «Vergehen». Dafür bleibt niemand ungestraft. Mit Nestbeschmutzern wird
nicht zimperlich verfahren. Der – wenn auch noch so zweifelhafte
Schutz der eigenen Gruppe wird damit aufs Spiel gesetzt. Beifall
kommt oft nur von der falschen Seite. Die Nestbeschmutzung führt in
die Kälte, in die Einsamkeit – so fürchten wir. Vielleicht zu Recht.
Vielleicht aber finden sich neue WeggefährtInnen. Wir werden es nie

wissen, wenn wir das Wagnis nicht unternehmen. Es ist ein Wagnis, zugegeben, bedeutet es doch auch, sich nicht zu schonen – und auch niemanden sonst. Und trotzdem ist selbst dann nicht einmal die Gefahr gebannt, nicht wieder in alte oder neue Fehler zu verfallen. Irrtümer sind nicht auszuschließen, denn unser Rüstzeug ist – wie wir und wie selbst unsere Hoffnungen, Träume, Utopien – auch nur aus jenem Stoff, den rückhaltlos zu analysieren wir uns vorgenommen haben. Mißtrauen, Wachsamkeit heißt deshalb die Devise, auch und besonders gegenüber uns selbst. Das gilt im übrigen auch für mich und auch für dieses Buch.

Was oben in bezug auf «Widerstand» gesagt wurde, daß wir bestimmte Phänomene nicht wahrnehmen *können*, weil wir die Koordinaten, die strukturellen Bedingungen nicht kennen, gilt auch für die Suche nach Komplizinnen. Wir können uns aber behelfen, indem wir uns vorbehaltlos auch auf Rahmenbedingungen, Strukturen einlassen und auf alles, was wir sehen, und nicht mit vorgefertigten Denkmustern im Kopf unsere Augen Lügen strafen.

Wahrnehmungen

Harun Farocki unternahm mit seinem 1988 fertiggestellten Film «Bilder der Welt und Inschrift des Krieges» den Versuch, Bilder, vorhandenes Filmmaterial neu zu deuten, und entdeckte dabei Luftaufnahmen der Alliierten vom KZ Auschwitz: «Die Alliierten fotografierten Auschwitz immer wieder. Aber sie sahen nur, wonach sie suchten, sie entdeckten nur, was sie kannten. Sie suchten nach Fabriken, aber eine Todesfabrik wie Auschwitz kannten sie nicht.» [15] Der Filmemacher zieht daraus den Schluß: «Man muß keine neuen, nie gesehenen Bilder suchen, aber man muß die vorhandenen Bilder in einer Weise bearbeiten, daß sie neu werden.» [16]

Nichts ist leichter, als ausschließlich das zu entdecken, was zu suchen man sich aufgemacht hat, verhängnisvolle Fehler, nur zu oft begangen, auch in der Geschichtsforschung von Frauen. Aus der Fülle solcher Fälle, an dieser Stelle nur zwei Beispiele.

Ein «weiblicher Wallraff»

Ein Sammelband «Arbeiterinnen kämpfen um ihr Recht»[17] versucht, «die Pionierinnen eines 100 Jahre andauernden Kampfes um die Gleichberechtigung der Arbeiterinnen aus dem Vergessensein hervorzuholen und ihnen ein Denkmal zu setzen»[18]. «Ein wichtiges Buch», meinte seinerzeit die Schriftstellerin Ingeborg Drewitz, «ein Informationszuwachs für die auf Nora verengte Emanzipationsdiskussion dieser Jahre»[19]. Und genauso präsentieren die Herausgeber eine dieser Frauen: «Maria Kahle ist, wenn man so sagen darf, ein weiblicher Wallraff der zwanziger Jahre: als Frau mit tradierten Grundsätzen geht sie in die Industrie, wird Akkordarbeiterin und will alles mit dem Proletariat teilen: die Arbeit, ein rußiges Vorstadtviertel, ein Zimmer in einer Mietskaserne, vielleicht gar als ‹Schlafgängerin›. Ihre Erlebnisse als Akkordarbeiterin sind für Soziologen sicher interessant; wichtiger ist jedoch ihre Erfahrung an der Arbeiterin Berta, die den Klassengegensatz verdeutlicht und die Erkenntnis einbringt, daß das Proletariat sich nur selber helfen kann.»[20]

Die Angaben zur Person Maria Kahles sind überraschend dünn: «Geboren am 3. 8. 1891 in Wesel (Schleswig-Holstein), 1913 nach Brasilien ausgewandert, nach Rückkehr nach Deutschland 1920 Redakteurin, aus Studiengründen Fabrikarbeiterin, freie Schriftstellerin.»[21]

Ich lese dies und mache mir auf der Grundlage dieser Angaben ein Bild von dieser Frau – und habe keinen Grund, daran zu zweifeln. Einige Zeit später, ich forsche über Frauen im deutschen Kolonialismus und spüre reisenden Frauen nach, begegne ich Maria Kahle erneut. Und plötzlich präsentiert sich mir dieser «weibliche Wallraff» von einer ganz anderen Seite:

1913 reist Maria Kahle zu Verwandten nach Brasilien. Als 1914 der «große vaterländische Krieg» ausbricht, entpuppt sie sich als glühende Patriotin, schreibt Artikel und Aufsätze, die in vielen südamerikanischen Zeitungen erscheinen, reist unermüdlich in alle größeren deutschsprachigen Gemeinden, um eine sogenannte «Ostmarkenhilfe» zu gründen. Bei ihren Reden und durch den Verkauf ihrer Bücher sammelt sie bis 1920 ungefähr 350000 Goldmark, die sie bei ihrer Rückkehr nach Deutschland dem Feldmarschall Hindenburg «zur Verteilung an die Notleidenden des deutschen Ostens» überreicht. 1937 erscheint in Berlin ihr Buch «Deutsche Heimat in Brasilien», eine Geschichte der deutschen Einwanderer. 1934 reist sie ein zweites Mal nach Brasilien, um «unseren Volksgenossen dort Gruß und Kunde vom Heimatvolk, vom neuen Deutschland und vom Verein der Deutschen im Ausland zu bringen». In «Alt-Hamburg», wo selbst die Schwarzen nicht die portugiesische Sprache, sondern «Hunsbucklerisch» lernten, erzählte man ihr begeistert von einem, der im Weltkrieg, als er von der Not des deutschen Volkes hörte, «treuherzig» erklärte: «Mir deutsche Buwe müsse z'sammehalte!» Und dort war es auch, wo der schwarze Dionys behauptete, als «vom neuen Deutschland» die Rede war: «Mir sein schwarze Neger, aber mir ham Hitlerblut!» Stolz notierte Maria Kahle auch die Begegnung mit einem luso-brasilianischen Arbeiter, der nach einem Vortrag zu ihr kam, ihr die Hand drückte und sagte: «Ich verehre Hitler – er ist der einzige Staatsmann, der es ehrlich mit den Arbeitern meint. Bringen Sie Ihrem Führer einen Gruß von einem brasilianischen Arbeiter!»[22] Dabei drückte er ihr eine 20-Milreis-Banknote in die Hand, ungefähr 10 Mark, die sie Adolf Hitler bringen sollte als Zeichen seiner Verehrung…

Maria Kahle – eine couragierte, aktive Frau, die im Journalismus neue Wege geht, volkstümlichem Patriotismus huldigend vielbeachtete Öffentlichkeitskampagnen anzettelt, mit der proletarischen Arbeiterbewegung sympathisiert, sich um das Los der Arbeiterinnen kümmert, den Verführungen nationalsozialistischer Propaganda erliegt und schamlos zu deren glühender Anhängerin wird. Jahre später, der Traum vom «tausendjährigen Reich» ist längst ausgeträumt, werden ihre Arbeiten wieder ausgegraben, taucht sie auf aus dem braunen Sumpf, reingewaschen, rehabilitiert, mit Vorbildfunktion sogar, ein «weiblicher Wallraff». Warum, so frage ich mich, können wir diese Frau nicht so nehmen, wie sie war, gebrochen, widersprüchlich, eine Grenzgängerin?

Eine Meisterfotografin

Erna Lendvai-Dircksen (1883–1962), Tochter eines hessischen Groß-
bauern aus Wetterburg, studierte Malerei an der Kunstschule in Kassel.
Nur wenig später geht sie nach Berlin, wird Schülerin am Lettehaus für
Fotografie. Obwohl sie aus finanziellen Gründen ohne Gesellenprü-
fung abgeht, eröffnet sie 1916 in Charlottenburg ein eigenes Portrait-
atelier und lichtet in der Folgezeit die Prominenz der Weimarer Repu-
blik ab. Käthe Kollwitz ist darunter und Ricarda Huch, Ina Seidel,
Gertrud Bäumer und Helene Lange. Dies ist für die Fotografin der
Beginn ihrer Arbeit am «Volksgesicht». Von Hindenburg erhält sie den
Staatspreis, 1933 werden ihre Bauernbildnisse als Wanderausstellung in
vielen Städten des Reichs gezeigt. Dies ist keineswegs eine schlichte
Vereinnahmung durch die Nationalsozialisten, meint Gabriele Philipp,
die vor kurzem der «Meisterfotografin» nachspürte. Es ist mehr als das:
«Mit der Ausrichtung auf Blut und Boden – als deren Hauptgarant stets
der Bauer gilt – und mit der Demonstration der Schönheit und Überlegenheit von germanischer beziehungsweise nordischer Rasse liegen die
Fotografien von Erna Lendvai-Dircksen nicht nur voll und ganz auf der
Linie der Volkstums- und Rassenideologie des Dritten Reiches; sie sind
nationalsozialistische Ideologie reinster Prägung. Die Fotografin pro-
pagiert mit ihren Arbeiten faschistisches Denken und formuliert es
selbst wieder und wieder.» [23]

Nach 1945 – längst hat sich die Künstlerin erfolgreich mit der Aura
einer Verfolgten umgeben, weil eines ihrer Bücher von den Nationalsozialisten eingestampft worden war – werden ihre Werke neu interpretiert. Zuerst, 1961, tauchen ihre «Volksgesichter» als entpolitisierte
«deutsche Menschenbilder» wieder auf. Noch später wird sie von Teilen der Frauenbewegung als «Erbe» reklamiert: 1977 wird eines ihrer
Fotos, ein Frauenakt, in den Ausstellungskatalog «Künstlerinnen in-
ternational 1877–1977» aufgenommen, ein Katalog, von Frauen zu-
sammengestellt und herausgegeben in Berlin-West. Hier, wie bei Maria
Kahle, nur dürftige Angaben zur Biographie. Dies ist, so die Herausge-
berinnen – und wer wagte da zu widersprechen? –, die Schuld des Patriarchats, das weibliche Kreativität sowohl be- als auch verhindert.

Und, nebenbei, nicht nur im Westen, auch in der DDR ist ihr Werk leicht zu integrieren: «Sie spannte ihren zeitlosen Bogen rund 125 Jahre und schloß Leistungen bürgerlich-humanistischer, proletarisch-revolutionärer und sozialistischer Fotoschaffender ein»[24], heißt es da.

Beide, die Rezeption in der DDR und die Rezeption durch bundesrepublikanische Frauen, finden in der Meisterfotografin das Objekt, das sie finden wollen. Auf der Suche nach den großen Künstlerinnen, nach einer anderen, einer weiblichen Ästhetik, tappen Frauen in die Falle und übersehen, daß es mehr zu entdecken gilt, unretouchierte Bilder – auch wenn dies die Ästhetik stört, auch wenn es schmerzt. Geschichtsklitterung ist das Ergebnis, wenn auch nicht notwendigerweise Ursache und Motiv der Forschung in diesen beiden Beispielen. «Unterschlagung geschichtlicher Fakten» und «Willkür der historischen Perspektive» ist ein oft gemachter Vorwurf von Frauen an die Adresse männlicher Historiker.[25] Zu Recht. Und doch, auch Frauen machen diesen Fehler, erfinden ihre eigene Wirklichkeit, die einerseits zwar Unbekanntes aufdeckt, Verschüttetes zutage fördert, doch andererseits oft nur aufs neue den Blick verstellt aufs Ganze und so letztlich doch nur wieder in die Irre führt, diesmal ins feministische Utopia. Vertane Chancen.

Entdeckungen, Enttäuschungen

Machen wir uns also auf die Reise. Suchen wir die Begegnung mit Frauen – nicht mit den «guten», den Heldinnen und unschuldigen Opfern, sondern mit den Komplizinnen. Die Beispiele aus verschiedenen Epochen, Prozessen, Ereignissen und verschiedenen gesellschaftlichen und kulturellen Zusammenhängen sind nicht willkürlich gewählt. Sie beginnen mit der Sklaverei, den ersten europäischen Eroberungen in Übersee, weil damit eine Epoche eingeleitet wurde, die in ihren Folgen – auch und besonders für Frauen – verhängnisvoll geblieben ist bis heute. Da die Kenntnis über die Hintergründe nicht allgemein vorausgesetzt werden können, werde ich jeweils eine kurze Einführung geben. Damit stellen wir außerdem die Komplizinnen in den *jeweiligen historischen Kontext*, der wichtig ist, um nachzuvollziehen, warum ich sie als Komplizinnen benenne und weil die Strukturen und allgemeinen Lebensbedingungen uns Aufschlüsse über ihre *möglichen Motive* liefern können. Dies wird zum Beispiel besonders deutlich bei den Frauen, die sich zur rassistischen kolonialen Herrschaftssicherung mißbrauchen ließen – weil dies für sie einen *gesellschaftlichen Aufstieg* und eine *Aufwertung* in den Augen ihrer Männer bedeutete, mit denen sie sich identifizierten und deren Werten sie übernommen haben. Und es bedeutete eine *Teilhabe an der Macht* über die kolonialisierten Völker. Wie überhaupt persönliche individuelle (egoistische) Vorteile eine große Rolle für die Komplizinnen zu spielen scheinen.

Die Beweislage für die Komplizenschaft von Frauen in der Anfangszeit des Kolonialismus ist (noch) relativ dünn, ein weithin unbearbeitetes Feld, sicher aber fruchtbar für zukünftige Forschungen. Zunächst aber geht es darum zu zeigen, *daß* auch in diesem verhängnisvollen Kapitel der Geschichte *Komplizinnen mit von der Partie waren und mitschuldig geworden sind.* Die Beweise werden dichter in den Abschnitten, die sich mit deutscher Geschichte, deutschem Kolonialismus und Faschismus befassen.

Kein Beitrag für feministisch-intellektuelle Schönheitssalons und kein Sonntagsvormittagsspaziergang also, die Diskussion um die Komplizinnen – schon eher ein Gang nach Canossa. Und es ist *nicht* der Versuch, eine neue Hexenverfolgung anzuzetteln, gar eine neue «Dolchstoßlegende»[26] in die Welt zu setzen, das mühsam ausgegrabene Wissen um Frauen zu denunzieren, sondern vielmehr, es zu ergänzen – so unvollständig dies auch sein mag. Eine längst fällige Unternehmung also, keine weiblich-masochistische Selbstverstümmelung, diese «Nestbeschmutzung».

Die Frage nach der Mitverantwortung von Frauen für den bedrohlichen Zustand der Welt, die einige Frauen beginnen, neu und laut zu stellen, ist für mich ein Echo der Fragen, die ich seit Jahren mit mir herumschleppe. Ich meine, es ist dies eine wichtige, längst überfällige Diskussion. Ein Mangel vielleicht, daß es zur These der Mittäterschaft bisher nur wenig historisches Material gibt. Diese Lücke versuche ich *punktuell* zu füllen. Punktuell – denn es gibt noch so viel zu erforschen, so viel zu bedenken, so vielem nachzuspüren. Obwohl das, was ich in diesem Buch zur Diskussion stelle, also weder eine vollständige noch eine abgeschlossene Studie darstellt, will ich mich zu diesem Zeitpunkt damit an die Öffentlichkeit wagen, nicht zuletzt, um anderen Frauen Mut zu machen, an diesem Thema weiter zu forschen und zu diskutieren – ohne falsche Scham und Rücksichten, in aller Offenheit. Wir haben nichts zu verlieren.

Und deshalb müssen wir ihn schon aushalten, den Blick in den Spiegel, auch wenn das Bild, das er zurückwirft, nicht dem entspricht, was wir zu sehen hofften. «Wenn ich wirklich erkenne, daß die Dinge und die Menschen nichts weiter sind als das, was sie sind, wird der Blick auf sie liebevoller statt kahler», sagt Christina Thürmer-Rohr[27]. Ich stimme ihr zu: Desillusionierung, Enttäuschung ist nicht gleichbedeutend mit Entmutigung – im Gegenteil, es könnte Stärke sich daraus entwickeln, eine Chance, die wir nicht blind, einäugig oder borniert verstreichen lassen dürfen, wenn es uns ernst ist um die Zukunft.

Anmerkungen

1 Margarete Mitscherlich: Die Zukunft ist weiblich, Zürich 1987, S. 9
2 Malvida von Meisenburg: Kulturbilder, Gesammelte Werke Bd. 4, Berlin–Leipzig 1922, S. 62 und 63
3 Hedwig Dohm: Was die Pastoren von den Frauen denken, Berlin 1872, S. 6
4 Dies. a. a. O., S. 13
5 A. a. O., S. 10
6 Mathilde Vaerting: Frauenstaat und Männerstaat, Nachdruck der Originalausgabe von 1921, Berlin 1980, S. 130
7 Simone de Beauvoir: Das andere Geschlecht, Reinbek 115.–170. Tsd., April 1977, S. 665
8 Marielouise Janssen-Jurreit in: Sexismus / Über die Abtreibung der Frauenfrage, München / Wien 1977, S. 55
9 Ralph Giordano: Die zweite Schuld oder Von der Last, Deutscher zu sein, Hamburg–Zürich, 1987, S. 12
10 In «Virginia» v. 8. 10. 1988, S. 8
11 Ralph Giordano, a. a. O., S. 129
12 Pauli Murray: The Liberation of Black Women, in: Women – A Feminist Perspective, ed. by Jo Freeman, Palo Alto 1979, S. 351

13 «Stern» Nr. 6 vom 2.2.1989

14 Michèle Mattelart: Der Staatsstreich auf weiblich, in: Revolution und Konterrevolution. Portugal, Tupamaros, Chile, Haarlem/Westberlin 1975, S. 61 ff

15 Zit. bei Jörg Becker: Auschwitz aus 7000 Metern Höhe in «die Tageszeitung» v. 30.1.89

16 Ebenda

17 Richard Klucsarits und Friedrich G. Kürbisch im Auftrag der Österreichischen Gesellschaft für Kulturpolitik; Arbeiterinnen kämpfen um ihr Recht. Autobiographische Texte rechtloser und entrechteter «Frauenspersonen» in Deutschland, Österreich und der Schweiz des 19. und 20. Jahrhunderts, Wuppertal o. J.

18 Dies. a.a.O., S. 11

19 A.a.O., Umschlagtext

20 A.a.O., S. 218

21 A.a.O., S. 379

22 Maria Kahle: Deutsche Heimat in Brasilien, Berlin 1937, 3 Zitate S. 126

23 Claudia Gabriele Philipp: Erna Lendvai-Dircksen, Repräsentantin einer weiblichen Kunsttradition oder Propagandistin des Nationalsozialismus? Verschiedene Möglichkeiten, eine Fotografin zu rezipieren, in: Barbara Schaeffer-Hegel (Hrsg.): Frauen und Macht. Der alltägliche Beitrag der Frauen zur Politik des Patriarchats, Pfaffenweiler 1988, S. 69

24 A.a.O., S. 60

25 Z. B. Marielouise Janssen-Jurreit über Golo Mann in: Sexismus, a.a.O., S. 26f

26 Vgl. Annemarie Tröger: Die Dolchstoßlegende der Linken: «Frauen haben Hitler an die Macht gebracht» in: Frauen und Wissenschaft, Beiträge zur Berliner Sommeruniversität für Frauen, Juli 1976, Berlin-West 1977

27 Christina Thürmer-Rohr: Vagabundinnen, Feministische Essays, Berlin, 4. Aufl. 1988, S. 19

Am Anfang war die Gewalt –
Sklavenhandel und Konquista

Sklavenhandel und Konquista, die Epoche der portugiesischen und spanischen Eroberungen in fremden überseeischen Ländern, stehen am Beginn jenes Kapitels der modernen Weltgeschichte, dem Kolonialismus, an dessen Folgen die Welt bis heute krankt. Immer noch wird uns diese Epoche als die Geschichte großer Männer präsentiert. In Wirklichkeit aber waren Frauen der Eroberernationen mit von der Partie, und, wie wir sehen werden, sie waren unverzichtbarer Bestandteil, wenn es darum ging, die Herrschaft in den eroberten Gebieten abzusichern. Die kolonialen Komplizinnen kamen aus allen gesellschaftlichen Rängen, Ständen und Schichten, und sie waren genauso gierig, brutal und rassistisch wie Männer.

Am Anfang des Kolonialismus war die Gewalt, die somit auch Geburtshelfer des Kapitalismus war, der diesen Kolonialismus als Voraussetzung zu seiner eigenen Entfaltung brauchte, ihn vorantrieb, sich an ihm mästete und an ihm erstarkte. Wo Länder und Völker in Übersee Europas Eroberern die freiwillige Unterwerfung versagten und Widerstand leisteten, war es die *überlegene Waffentechnologie* der Europäer, durch die eine relativ kleine Anzahl von Menschen riesige Zerstörungen vollbringen und so die Unterwerfung erzwingen konnte. Entscheidend war dazu die im 14. und 15. Jahrhundert vorangetriebene Entwicklung von Kanonen gewesen, die leicht genug waren, auf seetüchtigen Schiffen montiert zu werden.

Von portugiesischen Doñas in aller Welt

Im Juli 1415 eroberten portugiesische Soldaten die marokkanische Stadt Ceuta und besetzten sie. Dieser Gewaltakt bildete den Auftakt zu einer nahezu vier Jahrhunderte währenden Expansionspolitik der portugiesischen Könige und ihrer Nachfolger in Übersee. In der Zeit der

berühmten Kolumbus-Reise gen Westen im Jahre 1492 hatten die
Portugiesen bereits Stützpunkte auf den vorher unbewohnten Atlan-
tik-Inseln Madeira, den Azoren, Kap Verde, São Tome und Principe,
sowie im Königreich Kongo errichtet. In der zweiten Hälfte des 16. Jahrhunderts folgte die Eroberung Brasiliens, und am Ende des 16. Jahrhunderts waren portugiesische Kolonialisten rund um die Welt anzu-
treffen: von Neufundland bis Chile, von Brasilien bis Japan, von Nord-
afrika bis zu den berühmten Gewürzinseln, den Molukken, und dem
chinesischen Macao.

Ob bei der Eroberung Ceutas bereits portugiesische Frauen mit von
der Partie waren, wissen wir nicht. Beweise für ihre Anwesenheit gibt
es erst später, als sie in den verschiedenen Festungen der Eroberer in
den besetzten marokkanischen Gebieten, den sogenannten «prazos»,
auftauchten. Es handelte sich dabei meist um die Ehefrauen der Fe-
stungskommandanten und um arme Verwandte aus Portugal. An der
Seite ihrer Männer, so die Chronisten, beteiligten sich die Frauen aktiv
an den zahlreichen Angriffs- und Verteidigungsscharmützeln gegen die
«Mohren», wie die Mohammedaner damals genannt wurden.

Dies war für portugiesische Frauen jener Zeit sehr ungewöhnlich,
denn im «Mutterland» traten sie damals im öffentlichen Leben kaum in
Erscheinung. Während die Frauen der oberen Stände in nahezu völliger
Abgeschlossenheit von der Welt außerhalb ihrer Familien gehalten
wurden, konnten die Frauen der unteren Stände, also die Mehrzahl der
portugiesischen Frauen, ihre Häuser verlassen, um außer Haus zu arbeiten und zum Lebensunterhalt ihrer Familien beizutragen, was aber
gesellschaftlich keineswegs besonders angesehen war. Auch Sitte und
Moral im Portugal jener Tage waren die einer strengen Männergesellschaft. Prostitution und Zuhälterei blühten. Von den Frauen der höhe-
ren Stände aber wurde voreheliche Enthaltsamkeit und eheliche Treue
gefordert. Handelten sie diesen Prinzipien zuwider, hatten die Ehemänner das Recht, ihre Frauen zu töten. Im Gegensatz dazu scheinen
die Frauen der unteren Stände mehr sexuelle Freiheiten gehabt zu haben. Zumindest sind vor- und außereheliche Verbindungen bei ihnen
nicht ungewöhnlich gewesen. Das hängt vielleicht auch damit zusammen, daß die katholische Kirche ihren Siegeszug auf dem Land erst
noch vor sich hatte. Das Sakrament der Ehe jedenfalls war selten in

diesen Kreisen. Und noch wurde auf dem Land mit Zustimmung der Frauen geheiratet. Währenddessen galt in den reichen Familien nur die Familienräson. Entsprechend deren Besitz- und Machtstreben wurden die Frauen verheiratet, ohne um ihre Meinung oder gar Zustimmung gefragt zu werden. Dafür war die Hochzeit dann meist prunkvoll und mit dem Segen der Kirche versehen. Die Braut trug in diesem Falle einen Schleier und den Besitzanspruch auf eine ansehnliche Mitgift. Im Falle der portugiesischen Prinzessin Catherina anläßlich ihrer Hochzeit mit Karl II. handelte es sich zum Beispiel um die indische Stadt Bombay als Mitgift.

Nur bei der Erbfolge, einem Problem, das allerdings nur die Besitzenden betraf, kamen die Frauen jener Epoche gut weg: Sie erbten zu gleichen Teilen wie Männer und hatten das Recht, über ihren eigenen Besitz, ihre Mitgift und eventuelle Erbschaften zu bestimmen. Diese Gesetze wurden wichtig, als es darum ging, die Herrschaft in den riesigen zusammengeraubten Überseebesitzungen abzusichern.

Der König und die Regierung in Lissabon mißbilligten die Verbindungen portugiesischer Männer mit afrikanischen Frauen – nicht aus moralischen Gründen, sondern aus Angst, die Kontrolle über die eroberten Gebiete durch eine «Afrikanisierung» der Elite zu gefährden. Jetzt schlug die Stunde der Portugiesinnen, denn die Strategien zur Herrschaftssicherung der Eroberer waren nur mit ihnen *gemeinsam* zu verwirklichen. Die Herren ließen sich einiges dazu einfallen, und die Frauen ließen sich bereitwillig darauf ein, spielten mit, und manchmal veränderten sie sogar die Regeln nach eigenem Gutdünken.

In der Gegend um den Sambesistrom zum Beispiel wurden die großen Ländereien von der portugiesischen Regierung zu «Kronland», sogenannten «prazos de coroa» erklärt, die an *weiße* Frauen, *Portugiesinnen*, vergeben wurden unter der Bedingung, daß sie einen (weißen) Portugiesen heirateten. Erbberechtigt sollten nur die Töchter aus solchen reinweißen portugiesischen Ehen sein – aber jedenfalls nur dann, wenn sie wiederum einen *weißen* Portugiesen heirateten. Zuwiderhandlungen sollten den Verlust des Kronlandes zur Folge haben. Ein Modell für die Theorie; denn in der Realität gab es zuwenig weiße Männer am Sambesi, und die Lebenserwartung der Portugiesen war infolge ständiger Kriege und durch das Klima derart gering, daß die

Erbinnen der Kronländereien, die Doñas de Zambesia, die Herrinnen vom Sambesi, sehr oft Indo-Portugiesen oder Afro-Portugiesen heirateten. Die Familien der Doñas dunkelten so von Generation zu Generation nach, ohne daß die Lissabonner Instanzen dies hätten überprüfen oder gar verhindern können.

Unter diesen Doñas de Zambesia gab es eminent reiche Frauen, die ihre afrikanischen Sklavinnen und Sklaven unter unmenschlichen Bedingungen ausbeuteten. Die ökonomische und politische Macht, die an ihre Anwesenheit am Sambesi geknüpft war, scheint ihr Selbstvertrauen auch gegenüber ihren Ehemännern enorm gestärkt zu haben. So sorgte zum Beispiel Doña Ignez Coreia Cardozo vom Prazo Luabo im 18. Jahrhundert für reichlich Gesprächsstoff in den Kolonien, als sie nach sechsmonatiger Ehe mit dem Ex-Gouverneur von Macao, Antonio Jose Telles de Menezes, diesen satt hatte und ihn aus dem Haus warf. Sie wollte ihn entweder töten oder sich scheiden lassen, um ihren neuesten Geliebten zu heiraten. Mit ihren bewaffneten Sklaven jagte sie ihn und jeden, der ihm Unterschlupf gewährte. Es gelang ihr schließlich, ihn aus Afrika zu vertreiben. Er tauchte wieder auf als Gouverneur von Timor, mit dem sicheren Ozean zwischen ihr und sich.[1]

Noch eine andere portugiesische Institution rief die Lissabonner Bürokratie ins Leben aus Sorge um die Reinerhaltung ihrer weißen Herrscherelite in den Kolonien, die sogenannten «Orfaas del Rei», die «Waisen des Königs». Es waren dies besonders ausgewählte heiratsfähige junge Portugiesinnen aus Waisenhäusern der Hauptstadt Lissabon und der Hafenstadt Oporto. Jede von ihnen bekam eine Mitgift in Form eines mittleren oder kleineren Kolonial-Beamtenpostens für denjenigen Portugiesen, der sich entschloß, sie zu heiraten. Dieses System wurde besonders in den portugiesischen Eroberungen auf dem indischen Subkontinent systematisch und erfolgreich angewendet.

Die besten Chancen, sich außerhalb des Hauses Einfluß und Geltung zu verschaffen, hatten in allen portugiesischen Kolonien zweifellos reiche Witwen, da sie nach dem Gesetz über ihren Besitz verfügen konnten und dieses Recht in aller Regel auch in Anspruch nahmen.

Insgesamt gab es verhältnismäßig wenige portugiesische Frauen in den Kolonien. Ihre gesellschaftliche Situation unterschied sich allerdings in wesentlichen Punkten von der in der Heimat. Als Angehörige der herrschenden Kolonialelite genossen sie neues Ansehen, und wo Titel und Besitz im Rahmen der rassistischen Herrschaftssicherung an ihre Person gebunden waren, teilten sie Macht, Herrschaft und Reichtum direkt mit den Männern. Die Portugiesinnen haben sich für die Wertschätzung und den Status, die ihnen als den notwendigen Stützen weißer Kolonialherrschaft von ihren Landsmännern und der Krone entgegengebracht wurden, zumeist durch äußerste Loyalität erkenntlich gezeigt: Sie haben – wie in Ceuta so auch anderswo – gesellschaftliche Schranken und Tabus durchbrochen und selbst zu den Waffen gegriffen, wenn portugiesische Eroberungen in Gefahr waren, und sich voll mit der Herrschaft der Portugiesen über die Kolonialvölker identifiziert. Dies äußerte sich nicht zuletzt auch darin, daß sie sich an der Ausbeutung der Menschen und Reichtümer dieser Gebiete beteiligten, sobald sie Gelegenheit dazu hatten, auch in den übleren Sparten, als Sklavenhändlerinnen und Sklavenbesitzerinnen. Königliche Depeschen des späten 17. und frühen 18. Jahrhunderts in Bahia (Brasilien) dokumentieren, daß Frauen als Sklavenbesitzerinnen selbst von der Prostitution ihrer Sklavinnen gelebt haben.

Vom Geschäft mit der Barbarei

Sklaverei gibt es, seit es Kriege gibt und Menschen Gewalt gegen Menschen anwenden. Ohne die durch Sklavenarbeit geschaffenen materiellen Werte hätte es nie die Blüte der griechischen Geisteswelt, der Wissenschaften, Philosophie und Künste gegeben, und die Macht des römischen Imperiums stand und fiel mit seiner auf Sklaven gegründeten Produktionsweise. In vielen Teilen Europas bildete die Sklaverei eine Epoche lang die Grundlage der Produktionsweise. Aus der Sklaverei heraus entwickelte sich im Feudalismus die Leibeigenschaft. Die Arbeitskräfte waren jetzt ans Land gebunden, ihr Verkauf wäre sinnlos, ja schädigend für die Wirtschaft gewesen. Da dieser Übergang sich aber über lange Zeit hinzog, wie jede grundlegende Umwandlung gesellschaftlicher Strukturen, gab es in Europa noch bis ins 13. «christliche» Jahrhundert hinein Sklaven. Sklaverei existierte auch in nordafrikani-

schen Ländern lange vor der Ankunft der ersten europäischen Sklavenhändler, es gab sie bei den mohammedanischen Völkern und in den
Kulturen Chinas, Burmas, Indiens und Amerikas. *Doch niemals zuvor
in der Geschichte war der Sklavenhandel in einer derartigen Größen-
ordnung, mit einer derartigen Brutalität, aus derart gewissenloser Ge-
winnsucht betrieben worden wie von den Europäern vom 15. bis in das
19. Jahrhundert.* Ein ganzer Kontinent wurde ausgeblutet, sein wich-
tigster Besitz geraubt: Männer und Frauen im besten Alter; seine zukünftige Kraft, die Kinder, getötet oder versklavt oder nie geboren. In
den derart heimgesuchten Gebieten Afrikas begannen die Handwerke
zu stagnieren, denn die Wirtschaft dieser Völker drehte sich nur noch
um den Raub und den Handel mit der von den Europäern begehrten
Ware Mensch.

Es begann damit, daß portugiesische Seefahrer im Jahre 1441 die ersten Afrikanerinnen und Afrikaner, die sie auf «Entdeckungs»reisen im
Auftrag des Prinzen Heinrich von Portugal an der Westküste Afrikas
gefangengenommen hatten, nach Lissabon verschleppten. Weitere
Fahrten mit erbeuteten Afrikanern folgten, denn es hatte sich erwiesen,
daß diese «Heiden» ausgezeichnete Arbeitskräfte abgaben. Dies war
der Auftakt. Der große Totentanz aber begann mit der «Entdeckung»
Amerikas durch Christoph Kolumbus und dem Gold Haitis, das die
Spanier «Hispaniola» nannten. Da die ansässige indianische Bevölkerung entweder im Kampf getötet, durch eingeschleppte Krankheiten
und Zwangsarbeit geschwächt oder ausgerottet worden war, beauftrag-
ten die Spanier jetzt die Portugiesen, die in diesem Geschäft bereits
einschlägige Erfahrungen besaßen, ihnen afrikanische Arbeitssklaven
zu besorgen.

Mit der Ausweitung portugiesischer und spanischer Eroberungen in
Amerika stieg der Bedarf an Arbeitskräften dementsprechend an, denn
auch in anderen Gebieten der «Neuen Welt» standen die Konquistadoren vor den Trümmern ihrer verheerenden Raubzüge: Die Ausrottung
der amerindischen Völker und der Exodus vieler Überlebender in un-
zugängliche Gegenden ihres Kontinents stellten die Eroberer vor das
Problem, Arbeitskräfte für die Bewirtschaftung ihrer neuen zusammengeraubten Ländereien zu beschaffen. Sie holten sie sich aus Afrika.
Der Sklavenhandel blühte auf.

Eine neue Dimension erhielt der Sklavenhandel durch die britische, holländische und französische Inbesitznahme von Kolonien in Nordamerika und in der Karibik. Die neuen Machthaber führten den Anbau von Zuckerrohr, Indigo und Baumwolle in großem Stil ein. Von den weißen Sträflingen, die als erste Zwangsarbeiter die Erde der karibischen Inseln pflügten, gab es nicht genug, und die wenigen starben in dem ungewohnten Klima wie die Fliegen. Dazu kam, daß in Europa die Nachfrage nach Zucker gewaltig anstieg und die Zuckerrohrplantagen deshalb ständig vergrößert wurden, dafür aber immer mehr Arbeitssklaven benötigt wurden.

Portugal dominierte zwar den Handel mit afrikanischen Sklaven, aber das lukrative Geschäft lockte auch andere europäische Staaten auf den Plan. Die Holländer kaperten portugiesische Schiffe, schlossen Verträge mit afrikanischen Fürsten, die den Portugiesen feindlich gesonnen waren, gründeten Niederlassungen an der Guinea-Küste. Mitte des 17. Jahrhunderts hatte die holländische Marine alle portugiesischen Festungen an der afrikanischen Goldküste erobert, ebenso Luanda und den Nordosten Brasiliens. Portugal verlor so zwar seine dominierende Rolle im westafrikanischen Handel, eroberte später aber Angola und Brasilien wieder zurück und blieb bis zum bitteren Ende im Sklavenhandel aktiv. Im Verlauf des 17. Jahrhunderts erschienen noch weitere europäische Mächte in der Szenerie des makabren Handels: Schweden, Dänemark, Frankreich, England und Preußisch-Brandenburg.

Es waren jedoch die Piraten der englischen Krone, die bald die führende Position eroberten. 1641 führten die Engländer auf Barbados den Zuckerrohranbau im Plantagenstil ein, 1655 besetzten sie Jamaica. Englands Bedarf an Sklaven stieg gewaltig an. Es wurde deshalb eine «Königlich Afrikanische Compagnie» gegründet, die bald den westafrikanischen Handel kontrollierte und zwischen 1673 und 1711 etwa 90 000 Sklaven in Englands Kolonien lieferte, vor allem nach den Westindischen Inseln und nach Nordamerika.

Und dies war die Grundlage, auf der das lukrative «Dreiecksgeschäft» gedieh: Menschen aus Afrika gegen Manufakturprodukte aus England für die Plantagen von Amerika, bezahlt mit Zucker oder Wechseln, fällig in England.

Doch die Konkurrenz der Freibeuter im internationalen Sklavenhandel war groß. 1731 gab zwar die «Königlich Afrikanische Compagnie» den Sklavenhandel wieder auf und spezialisierte sich statt dessen (in weiser Voraussicht) auf neue Produkte, auf Elfenbein und Goldstaub. Andere britische Sklavenhändler aber versorgten die Kolonien weiter mit Sklaven, schafften zwischen 1700 und 1786 etwa 610000 Sklaven allein nach Jamaica und besaßen außerdem 30 Jahre lang das Monopol, die spanischen Kolonien mit Sklaven zu versorgen. England wurde zur beherrschenden Macht des Sklavenhandels fast 300 Jahre lang bis zur Mitte des 19. Jahrhunderts. Der Dreieckshandel aber war einer der Eckpfeiler seiner wachsenden Industrialisierung und des Aufstiegs seiner neuen Bourgeoisie.

In der entscheidenden Phase des Sklavenhandels stand eine Frau an der Spitze der britischen Sklaventreiber, Elisabeth I., Königin von England und Irland, die zeit ihres Lebens unverheiratet blieb und absolutistisch regierte wie ihr Vater Heinrich VIII. Ob nun John Hawkins wirklich ihr Geliebter war, wie einige Quellen behaupten[2], oder nicht, ist nicht so wichtig. Entscheidend ist, daß sie zwar offiziell Hawkins' Expeditionen mißbilligte, den Sklavenhandel aber niemals ausdrücklich verbot und, schlimmer noch, mit den See- und Menschenräubern die *Profite teilte* und ihnen als Belohnung wichtige Staatsämter übertrug. Hawkins wurde Schatzmeister und Vizeadmiral der königlichen Flotte, Francis Drake, wie Hawkins von ihr zum Ritter geschlagen, sogar Admiral.[3] Der Charakter dieses Geschäfts mit der Barbarei war Elisabeth I. wohl bewußt – es hätte sonst ja keiner «offiziellen Mißbilligung» bedurft –, doch *Macht und Profitgier* waren dieser Frau die weitaus erstrebenswerteren Ziele, statt Menschlichkeit zu beweisen durch das Verbot der Menschenräuberei, wozu sie immerhin die Macht besessen hätte.

Insgesamt, so schätzen vorsichtige Historiker, sind in den vier Jahrhunderten des europäischen Handels mit «Schwarzhäuten» mehr als zehn Millionen Menschen geraubt, verschleppt und versklavt worden. Der Anteil *weiblicher Sklaven* lag ungefähr bei einem Drittel.

Doch auch unter den *Sklavenhändlern* gab es Frauen. Doña Maria de Crusz, zum Beispiel, die Tochter eines früheren Gouverneurs aus Calabar (heute Nigeria), besaß zwei Sklavenschiffe und war noch 1826 im Geschäft. Auch wenn hier die Beweislage dünn ist, so haben wir keinen grund zu hoffen, Doña Crusz wäre die «berühmte» Ausnahme gewesen, die sich in diesem blutigen Geschäft die Hände schmutzig machte.

In unserem Geschichtsbewußtsein ist dieses Kapitel weitgehend verdrängt durch andere schlimme Ereignisse. Hören wir deshalb, was der Augenzeuge eines Sklaventransportes nach Amerika berichtet: «Ich sah schwangere Frauen, die ihre Babies zur Welt brachten, während sie angekettet waren an Tote, deren Leichname unsere betrunkenen Aufseher nicht beiseite geschafft hatten... Den jüngeren Frauen ging es zuerst besser, da sie an Deck kommen durften als Gesellschafterinnen für unsere Mannschaft. Gegen Ende der Fahrt, die fast sechs Wochen dauerte, hatte die hohe Sterblichkeit ihre Zahl stark verringert, und eine Anzahl von Frauen wurde nach unten getrieben als Gesellschaft für die Männer.»[4] Dieses sie «durften an Deck kommen» ist kein Privileg, wie der Herr Augenzeuge vielleicht andeuten möchte, sondern die Bereitstellung zur Vergewaltigung. Vergewaltigung und sexuelle Ausbeutung gingen auf den Plantagen weiter. Hieß das Prinzip zunächst noch «it is cheeper to buy than to breed» (es ist billiger, sie zu kaufen als zu züchten), so änderte sich diese Einstellung im Laufe der Zeit. Die Sklavinnen wurden nun anderen Sklaven zugeteilt, um möglichst viele Kinder zu gebären; die wichtigste Ware, die auf den Plantagen hergestellt wurde.

Konnten die Besitzerinnen von Sklavenschiffen noch relativ leicht davon abstrahieren, daß es sich bei dieser «Ware» um Menschen handelte – auf den Plantagen standen sie sich direkt gegenüber, die Herrinnen und ihre Sklavinnen und Sklaven, ob sie nun als Angehörige der herrschenden Gesellschaft von der Ausbeutung der Sklavenwirtschaft profitierten und feudalem Luxus frönten, sich «Neger» als «Spielzeuge» hielten oder die riesigen Besitzungen selber verwalteten.

In den amerikanischen Südstaaten, zum Beispiel, räumte die rassistische Männergesellschaft weißen Frauen ihrer herrschenden Schicht, wenn Not «am Mann» war, auch das Privileg ein, die riesigen Plantagen zu bewirtschaften. Die Tatsache, daß die Männer und Frauen der gewaltigen Sklavenheere *schwarz* waren, gestatteten – ganz in der Logik dieses Siedlerpatriarchats –, daß *weiße Frauen* über sie als Arbeitskräfte verfügen konnten. Weniger gern gesehen wurden dagegen Frauen, die *weiße Männer* als Arbeitskräfte befehligten.[5]

Einige dieser Plantagenmanagerinnen erlangten ob ihrer «Tüchtigkeit» Berühmtheit, wie beispielsweise Eliza Lucas Pinckey. 1758, sie war gerade 36 Jahre alt, starb ihr Mann, und sie übernahm die Leitung der Plantage bis zu ihrem Tod im Jahre 1793. Sie wird als äußerst erfolgreich geschildert. Man schreibt ihr die Einführung des Indigo in South Carolina zu, als Ersatz für die Produktion von Reis. Auch begann sie mit der Einführung von Seidenraupen und der Produktion von Seide.[4] Sie war eine jener Frauen, denen es im Namen des Familienbesitzes gestattet wurde, ihre zum Teil riesigen Ländereien zu bewirtschaften – mit schwarzen Sklavinnen und Sklaven. Im South Carolina der Eliza Lucas Pinckey betrug ihr Anteil an der Bevölkerung 70 Prozent! *Da kann nicht mehr von stiller passiver Duldung eines Unrechtssystems, auch nicht von einer Ausnahmesituation die Rede sein.*

Aber auch in Europa haben Frauen der besitzenden Familien vom Sklavenhandel profitiert, direkt und indirekt. Da erhielten zum Beispiel die Töchter des dänischen Handelsherrn Schimmelmann, Caroline und Julia, einen Neger als «feudales Spielzeug». Caroline heiratete später in die angesehene norddeutsche Familie Baudissin, lebte auf ihrem Landsitz Knoop, während Julia Frau Reventlow wurde und ihren Wohnsitz nach Emkendorf in Holstein verlegte. Die «Kammerneger» gingen jeweils mit. Als Carolines Kammermädchen Margarethe Dorothea aus einer Liaison mit dem Afrikaner schwanger wurde, war Carolines Maßnahme zur Lösung dieses «Skandals» die Entlassung der Zofe. Margarethe Dorothea starb im Kindbett. Ihre Tochter überlebte und heiratete später den Gutsknecht Josias Lütje auf Knoop. Der «Kammermohr» heiratete danach die Kielerin Marie Büring und hatte mit ihr zwei Söhne. Die Schimmelmannschen Schwestern befaßten sich beide mit der Verwaltung des Familienbesitzes, zu dem unter anderem auch überseeische Plantagen und die entsprechende Anzahl Arbeitssklaven gehörten.[6] Zwar glaubten sie an eine Art «philantropisch-christlicher» Sklavenhalterei, aber *sie stellten diese keineswegs grundsätzlich in Frage und verfügten ohne größere Gewissensbisse oder Skrupel über die erklecklichen Einnahmen aus dem Besitz an Sklaven und Plantagen.*

Auch auf der Seite der Afrikanerinnen stellt sich die Frage nach Kollaborateurinnen und Komplizinnen. Darüber gibt es keine Hinweise in der Literatur, die ich dazu befragt habe, nur eine offene Frage: Das machtvolle Königreich Dahome an der Westküste Afrikas, das ebenfalls tief in den Sklavenhandel verstrickt war, wies eine Besonderheit auf. Dort befehligte der König ein aus mehreren tausend Frauen bestehendes Heer. Anzunehmen, daß diese kriegerischen Frauen (in der europäischen Literatur oft die «Amazonen von Dahome» genannt) an den Raubzügen um die begehrte Ware Mensch beteiligt waren.

Von Spanierinnen, Kreolinnen und einer indianischen Kollaborateurin

Was Elisabeth I. für den britischen Sklavenhandel, war Isabella die Katholische, Königin von Kastilien und später Spanien (1450–1504), für die spanische Konquista. Ihre Heirat mit Ferdinand II. von Aragonien im Jahre 1469 war ein kluger Schachzug: Sie vereinigte die beiden Königreiche Kastilien und Aragon, Auftakt zu einer neuen Epoche für die so gestärkte spanische Nation. Von Isabella wird berichtet, sie sei «bekannt wegen ihres Scharfsinns und ihrer Umsicht in Fragen des militärischen Nachschubs» gewesen. «Sie begleitete ihren Gemahl Ferdinand von Aragonien auf seinen Feldzügen, trug dabei, ohne zu ermüden, ständig den Panzer und war bei Erstürmungen mitunter die erste. Aufgrund ihrer politischen Rolle berühmt, war sie es, die in der Ehe offenbar die Hosen anhatte, obwohl ihr Gatte keineswegs eine belanglose Persönlichkeit war.»[7] Es war diese Isabella, in deren Auftrag der Genueser Christoph Kolumbus segelte, um einen westlichen Seeweg nach Indien zu finden.

Erst auf seiner dritten Reise nach Westen (1497/98) nahm Kolumbus die ersten 30 spanischen Frauen mit an Bord. Diesen folgte bald ein ständiger Zustrom weiterer Frauen, wenn ihre Zahl auch immer geringer blieb als die der Männer. Die meisten von ihnen lebten in Mexiko oder Peru.

Wie ihre portugiesischen Geschlechtsgenossinnen kamen diese Frauen aus einer Welt, in der das Patriarchat herrschte. Und wie in Portugal waren auch im Spanien jener Tage die Frauen der besitzenden

Stände erbberechtigt, und gelegentlich kam es vor, daß sie im Übersee-
geschäft selbständig tätig waren. So betrieb beispielsweise zu Beginn
des 16. Jahrhunderts Doña Francisca Ponce de Leon auf eigenen Namen und eigene Rechnung Geschäfte mit ihren beiden Handelsschif-
fen, der «San Telmo» und der «San Cristobal.»[8] Meistens handelte es
sich dabei um eine Zwischenlösung bei Abwesenheit des Mannes oder
nach dessen Tod bis zur Übernahme der Geschäfte durch einen männlichen Vormund oder einen Sohn. Die noblen adligen Herren, oftmals
glücklose Zweit- und Drittgeborene ohne Erbberechtigung, jene illu-
stren Söhne, aus deren Reihen sich die Konquistadoren hauptsächlich
rekrutierten, solche Nachgeborenen also scheuten sich nicht, Allein-
erbinnen großer Vermögen zu heiraten und sogar deren Familiennamen
anzunehmen, um den Familienbesitz unter gleichem Namen zu erhalten.

Eine Welle rassistischer Kreuzzüge, die damals in ganz Europa um
sich griff, erreichte auch Spanien. Diese Hetzkampagnen richteten sich
jedoch vorwiegend gegen Juden und Mohren, hauptsächlich aus reli-
giösen Gründen, aber auch gegen Afrikaner, weil diese mit der Sklaverei in Verbindung gebracht wurden. Sich in Amerika mit Indianerinnen
zu verheiraten, dabei stand den spanischen Eroberern also kein direktes
rassistisches Vorurteil im Weg. Höchste Autoritäten auf spanischer und
auch auf indianischer Seite förderten im Gegenteil solche Verbindungen. Die einzige Bedingung, die die spanischen Behörden an spanisch-
indianische Verbindungen knüpften, war, daß die indianischen Frauen
vor dem ersten Geschlechtsverkehr getauft wurden. Indianische Kazi-
ken, die Oberhäupter lokaler Gemeinden in den eroberten Gebieten
Amerikas, verschenkten Frauen sogar als Mittel ihrer Bündnispolitik
an die Konquistadoren.

Eine dieser Frauen erlangte traurige Berühmtheit. Ihr Name wird
uns von den spanischen Eroberern bereitwillig überliefert, ist es doch
der Name einer «Überläuferin», einer «Kollaborateurin», Komplizin,
der Indianerin Malinche. Sie war eine jener zwanzig Frauen, die den
spanischen Konquistadoren unter Hernando Cortéz zum Geschenk
gemacht wurden. Cortéz, der berüchtigte Abenteurer, erwählte sie zu
seiner persönlichen Dolmetscherin und Sklavin. Malinche stammte aus
einem Dorf, in dem sowohl aztekisch als auch maya-indianisch gespro-

chen wurde. Diese seltene Kombination von Sprachkenntnissen kam Cortéz in seinen Plänen, das Reich der Azteken zu erobern, sehr zustatten. Doña Marina, wie Malinche seit ihrer Taufe genannt wurde, wird deshalb höchstes Lob von den Spaniern gezollt: ohne ihre Hilfe, so preist sie der zeitgenössische Chronist Bernal Diaz del Castillo, hätte Cortéz Mexiko und große Teile Zentralamerikas nicht so leicht erobern können. – Doch die Spanier haben ihr kein Denkmal gesetzt. Nur ein toter Vulkan trägt heute den Namen dieser unglücklichen Frau.

Auf den neu «entdeckten» Inseln, die dem amerikanischen Kontinent vorgelagert waren, wurde die ansässige indianische Bevölkerung von den Eroberern fast völlig ausgerottet, und aufgrund des dadurch eingetretenen Mangels an Arbeitssklaven wurden jetzt afrikanische Sklaven in großer Zahl importiert. Viele der geraubten Frauen mußten wie die Männersklaven für ihre Peiniger arbeiten. Aber darüber hinaus wurden sie gezwungen, auch ihre Sexualität in den Dienst der neuen Herren zu stellen. Diese Praxis verbreitete sich überall schnell, und als die Kampagne für «limpeza de sangre» (Reinheit des Blutes) von der Heimat aus die westindischen Inseln erreichte, war es schon zu spät, das Entstehen einer afro-spanischen Bevölkerung noch zu verhindern. Die Kirchenväter von Santo Domingo zum Beispiel erregten sich im Jahre 1687 darüber, daß viele Angehörige der Garnison ihre Sklavinnen auch heirateten und diese so zu gesetzlichen Ehefrauen machten. Sie schlugen als abschreckende Maßnahme vor, solche Militärs nicht weiter zu befördern.

König Ferdinand aber hatte diese Gefahr bereits viel früher erkannt und schon im Jahre 1512 damit begonnen, *weiße Christensklavinnen* in die eroberten Gebiete zu verschicken, um die Männer dort von einheimischen Frauen abzuhalten. Das Programm scheint – aus welchen Gründen auch immer – jedoch nicht besonders erfolgreich gewesen zu sein.

Trotzdem, eine spanische Frau war stets das *höchste Status-Symbol* für die Konquistadoren. Viele der verheirateten Männer ließen deshalb ihre Frauen nachkommen, und sei es manchmal auch erst nach fünfzehn- oder zwanzigjähriger Abwesenheit von zu Hause. Die Voraussetzungen dafür, daß die Frauen enthaltsam und brav auf den Ruf ihrer Männer warteten, waren unter den gegebenen Verhältnissen in der Heimat so gut wie garantiert.

Junge Kreolinnen, in der «Neuen Welt» geborene Frauen spanischer

Herkunft, machten sich sicher viele Gedanken über ihre Heiratspläne. Es ist uns eine Diskussion junger «Damen der Gesellschaft» überliefert, die sich über die Frage erhitzten, ob sie alte, kampfgezeichnete Konquistadoren heiraten sollten, die sie dank der ständigen Kriege sicher bald als reiche Witwen zurücklassen würden. Als Witwen nämlich konnten sie es am ehesten zu *Reichtum und Macht* bringen. Zwar verlangte das Gesetz, daß dem Großgrundbesitz stets ein Mann vorstehen mußte, doch waren die Männer infolge ihres Kriegshandwerks viel unterwegs und selten zu Hause. Außerdem konnten sie als Witwen bis zu einer Wiederverheiratung, die ihren Besitz nur vermehren konnte, die Ländereien selbst verwalten.

Viele dieser Frauen standen im Ruf, noch herzloser und grausamer gegen ihre Sklavinnen und Sklaven zu sein als ihre Ehemänner. Zu ihnen gehörten Frauen wie Maria de Escobar, die im 16. Jahrhundert in Peru lebte, oder Doña Catalina de los Rios de Lisperguer aus Chile. Letztere hatte viele Menschenleben auf dem Gewissen, darunter ihren Vater und einen ihrer Liebhaber, aber auch vierzig Indianerinnen und Indianer, Sklavinnen und Sklaven, von denen viele die Male barbarischer Tortur trugen. Zwar brandmarkte der Bischof von Santiago bereits im Jahre 1634 öffentlich ihre Grausamkeiten, doch wurde sie erst 1660 formal angeklagt. Das Urteil war milde. Sie mußte lediglich ihre Ländereien verlassen und stand in Santiago unter Hausarrest. Als sie fünf Jahre später starb, wurde sie in der Kirche der Augustiner im Habitus einer Nonne beerdigt. Sie war zu Lebzeiten eben eine generöse Stifterin und Wohltäterin der Kirche gewesen, und diese war selber Teil der Sklavenhaltergesellschaft.

Ähnlich wie die portugiesische ist auch die Geschichte der spanischen Eroberungen – ob in Mexiko, Peru oder anderswo – voller Beispiele von Frauen, die die Kämpfe ihrer Männer aktiv unterstützten, sie ermutigten und Kranken- und Verwundetenpflege übernahmen. Philipp II. bedankte sich anläßlich seines Besuches in Arequipa in Peru am 19. September 1580 in einer Ansprache besonders bei den Frauen dieser Stadt, die seinem Spendenaufruf, die enormen Kosten zu dekken, die die Kriege gegen Türken, Heiden und Ungläubige verschlangen, so generös nachgekommen waren. Sie hatten nicht nur Geld, sondern auch ihr persönliches Geschmeide geopfert.

Spanische Patriotinnen haben auch noch anderes zum Sieg ihrer Landsleute beigetragen. Mit dem Heer an Matrosen, Soldaten, Händlern und anderen Abenteurer hatte sich in der städtischen Kultur der Spanier in Südamerika ein ausgeprägtes Bordellwesen entwickelt. Es scheint, als habe es dabei eine Art Arbeitsteilung gegeben zwischen indianischen und spanischen Frauen. Während die indianischen Frauen hauptsächlich für die sexuellen Dienste an Männern zuständig waren, übernahmen spanische Frauen die vernachlässigten kulturellen Seiten. Viele von ihnen waren Unterhaltungskünstlerinnen, Sängerinnen, Musikantinnen. Manchmal wurden diese Frauen auch Doña (Herrin) genannt, aber nur zum Spaß.

Von einer «seltsamen Nonne»

Aus den Scharen von Abenteuerinnen und Glücksritterinnen, die sich im Gefolge der Eroberungen aufmachten, ihr ganz persönliches Glück zu machen, ist uns eine mit Namen bekannt, Doña Catalina de Erauso. «Sie war für eine Frau sehr groß und kräftig, künstlich flachbrüstig, ihre Züge nicht schön, aber auch nicht häßlich, eher von Mühsal denn von Alter gezeichnet: ihr schwarzes Haar, geschnitten wie das eines Mannes, trug sie in einer Mähne herabwallend, wie es zu der Zeit üblich war. Sie war gekleidet wie ein Mann nach spanischer Mode, mit eng gegürtetem Schwert; den Kopf trug sie etwas nach vorn geneigt, die Schultern leicht vornüberhängend, so daß sie eher einem wilden Soldaten als einem galanten Höfling gleichsah.»[9] So wurde die baskische Heldin vieler Geschichten und Sagen aus dem 17. Jahrhundert von einem Zeitgenossen beschrieben.

In Männerkleidern zog die Doña durch Spanien und Südamerika, wo sie zahllose Abenteuer bestand. Sie diente in der spanischen Armee, scheute weder Straßenräuberei noch Glücksspiel oder Duelle, stand im Ruf, eine hervorragende Fechterin und der «Robin Hood» Amerikas zu sein. Mindestens viermal zum Tode verurteilt, gelang ihr immer wieder die Flucht. Verstrickt in Affären mit schönen Frauen, kam sie deshalb auch immer wieder in Schwierigkeiten. Erst als sie schwer verwundet wurde, mußte sie ihr wahres Geschlecht bekennen. Danach kehrte sie zurück in die «Alte Welt», und Europa bereitete ihr einen begeisterten Empfang. Doch schon bald wurde es ihr zu langweilig, und nach kurzem Aufenthalt entschied sie sich, nach Mexiko aufzubrechen. Auf der Reise dorthin verliebte sie sich unsterblich in eine verheiratete Frau. Deren Mann verbot ihr das Haus, und Doña Catalina forderte ihn zum Duell. Er aber hatte Angst vor ihren Fechtkünsten und redete sich heraus. Da verließ sie die Stadt und zog wieder als «Fechter» umher.

1650 starb Doña Catalina de Erauso im Alter von 58 Jahren. Die lesbische Doña, eine Herausforderung für die spanische Männergesellschaft des 17. Jahrhunderts, hat die Konquista als Staffage zur Verwirklichung privater Träume benutzt und ist schließlich als die «seltsame Nonne» in die Geschichte eingegangen.

Von heiratsunwilligen Erbinnen, «christlichen» Nonnen und frommen Beatas

Überhaupt waren die berühmtesten Frauen der neureichen Gesellschaft der «Neuen Welt» jene, die sich einer Heirat entzogen – sei es, um wie Doña Catalina sich auf den verschiedensten Schauplätzen herumzutreiben, sei es, wie unzählige andere es taten, um sich in Klöstern ungestört ihren Künsten in Musik, Literatur, Sprachen, Philosophie, der Malerei, Astronomie oder Theologie widmen zu können.

Juana Inés de la Cruz, zum Beispiel, die 1667 mit sechzehn Jahren ins Kloster ging, hatte sich bereits im Alter von vierzehn Jahren in einer Gegenüberstellung mit den 40 gelehrtesten spanischen Männern von Mexico City erfolgreich behauptet. In ihrer verschwenderisch ausgestatteten Zelle bewahrte sie über 4000 Bücher auf. Sie wurde die «Zehnte Muse» genannt und «eine Feministin, ihrer Zeit weit voraus». Eine Zeitgenössin, die Duchessa von Aveiro aus Madrid, pries Inés in einer Ode dafür, daß sie bewiesen hatte, «daß Intelligenz nichts zu tun hätte mit dem Geschlecht».

Die reichen Nonnenklöster jener Epoche waren inzwischen zu waren Zufluchtsstätten heiratsunwilliger Spanierinnen und Kreolinnen geworden. An ihrem Beispiel wird deutlich, daß das, was heutzutage von einigen sicherlich «Widerstand gegen das Patriarchat» genannt wird, nur *eigennützigen, egoistischen Zielen* diente. In wichtigen gesellschaftlichen Bereichen ihrer Zeit sucht man auch bei ihnen vergeblich nach einer menschlichen und sei es – dem vorherrschenden Geist jener Zeit zufolge – auch «nur» einer christlichen Haltung, zum Beispiel in der Sklavenfrage. Unzählige kirchliche Institutionen im iberischen Amerika hielten sich eigene Sklaven. So besaß das Kloster der Karmelitinnen Santa Teres von Cordoba/Rio de la Plata eine Hazienda, die von 300 männlichen und weiblichen Sklaven bewirtschaftet wurde. Ebenso viele Sklaven besaß im übrigen das Jesuitenkolleg von Buenos Aires. In Peru besaßen die Jesuiten im 18. Jahrhundert 5224, in «Neu-Granada» einschließlich Mérida und Quito 1722 Sklaven und in Rio de Janeiro auf einer einzigen Farm 1000 Negersklaven.

Besonders fromme spanische Frauen wurden «Beatas» genannt. Oft gehörten sie keinem Orden an, sondern lebten zurückgezogen in ihrem Elternhaus. Die ersten sechs Beatas kamen 1529 nach «Neu-Spanien» und unterrichteten junge Indianerinnen (der Oberschicht?) im Katechismus und in Hausarbeiten. Lesen und Schreiben sind als Unterrichtsfächer dagegen nicht verbürgt.

Im Zuge der Missionierung, um den «Wilden» die Kultur, den «Heiden» den rechten Glauben zu bringen, kamen nach und nach verschiedene Frauenorden nach Amerika: 1540 Konzeptionistinnen, Nonnen der Unbefleckten Empfängnis; 1570 Urbanistinnen, 1575 Dominikanerinnen, 1585 Hieronymitinnen, 1598 Augustiner-Chorfrauen, 1604 Barfüßige Karmeliterinnen, 1665 Kapuzinerinnen und 1724 Klarissinnen. Nur wenige von ihnen beschränkten sich auf ein «beschauliches» Leben, die meisten führten Mädchenschulen oder Waisenhäuser oder bewirtschafteten große Ländereien. Die Bildung von indianischen oder schwarzen Sklavinnen scheint ihnen jedoch nicht besonders am Herzen gelegen zu haben. Denen wurde nicht einmal der Zugang zu den Ordensgemeinschaften gewährt, es sei denn als Dienerinnen der kreolischen Damen. Wie ihre männlichen Ordenskollegen waren sie befangen in den *gängigen Vorurteilen* der herrschenden Kolonialgesellschaft, stempelten sie die IndianerInnen, MestizInnen, AfrikanerInnen und MulattInnen zu Menschen zweiter Klasse. Frauen aus den unterdrückten armen Schichten hätten bei all dem Prunk und Luxus sowieso nicht mithalten können, denn die weiblichen Klöster waren damals mehr Zentren des gesellschaftlichen als des geistlichen Lebens. Die Konkurrenz unter den Töchtern der Aristokratie war groß, die Plätze in den Klöstern reichten lange nicht aus für alle Interessentinnen. Die andere Lebensalternative, Heirat, scheint weitaus weniger hoch im Kurs gewesen zu sein. Bei der Auswahl von Novizinnen kam es oft zu heftigen Auseinandersetzungen, welche der Bewerberinnen auserwählt werden sollten. In Lima, wo es zeitweise über 1000 Nonnen gab, wurde ein regelrechter Wahlkampf abgehalten. Die Bewerberinnen erhielten bestimmte Farben zugeteilt, und ihre Sympathisantinnen in den Klöstern steckten sich die entsprechenden Farbbänder an. Einmal wurde der Wahlkampf derart heftig geführt, daß ein gewisser Graf Lemus mit 200 Mann ein Kloster absperren mußte, damit ordnungsgemäß gewählt werden konnte.

Mit der Mitgift ihrer Kongregationsmitgliederinnen waren die Nonnenklöster auch unternehmerisch tätig und befanden sich auch damit in voller Übereinstimmung mit der herrschenden Kolonialmentalität. Sie besaßen riesige Ländereien, in Mexico City zum Beispiel auch Anteile an vielen Mietshäusern. Viele Klöster scheuten sich auch nicht, kleinere oder billigere Häuser an die arme Bevölkerung zu vermieten. Konnten die Bewohner solcher Häuser die Miete nicht bezahlen, wurde ihre bewegliche Habe gepfändet. In Hungersjahren oder Jahren schlechter Ernte geschah dies besonders häufig, und viele dieser Mieter waren alleinstehende Frauen mit ihren Kindern. Die Komplizinnen des herrschenden Systems hatten kein Mitleid mit ihnen.

Ein Ende mit Schrecken –
und doch kein Ende der Schrecken

Der Sklavenhandel wurde nicht deshalb eingestellt, weil ein paar fortschrittlich denkende Menschen in Europa oder Nordamerika dafür gesorgt hätten. Das Ende des Sklavenhandels ging Hand in Hand mit dem Beginn eines neuen Imperialismus, der den gewandelten Bedürfnissen der aufstrebenden europäischen Industrienationen Rechnung trug. Weniger edle Motive als vielmehr handfeste ökonomische Gründe sorgten für die Beendigung des Sklavenhandels.

Die Produktionsweise der Plantagen auf der Basis von Sklavenarbeit hatte sich überholt, sie war unrentabel geworden. Zu viele Plantagensklaven hatten Widerstand geleistet, Arbeit verweigert, gebummelt oder sich selber die Freiheit gegeben. Eine Folge davon war: die Zukkerproduktion auf den Westindischen Inseln ging zurück. Zwischen 1799 und 1807 wurden in Jamaika 65 Plantagen aufgegeben, 32 wurden an Schuldner verkauft, und 115 hatten Gerichtsverfahren auf dem Hals. Das Verbot der Sklaverei in England aber stammt genau aus dieser kritischen Zeit, dem Jahr 1807. «Die Abschaffung der Sklaverei», sagt Margaret Prescod-Roberts, eine schwarze Frau aus Barbados, deshalb zu Recht, «erfolgte also nicht aus eigenen Entschlüssen des Kapitals, sie ist auch nicht der Hilfe des aufgeklärten Nordens (der USA) zu verdanken und noch viel weniger einer einsamen Entscheidung des Präsidenten Lincoln – dahinter stand vielmehr der lange Kampf der Schwarzen gegen dieses System und seine Produktionszwänge.» [10]

Natürlich hat es vor allem in den USA und in England auch eine starke Lobby für die Abschaffung der Sklaverei gegeben. *Aber sie konnte nur unterstützen, wofür viele Sklavengenerationen bereits gekämpft und gelitten hatten, die Beseitigung dieses Systems.*

Es hat unter den Mitgliedern der Anti-Sklaverei-Bewegung, den sogenannten «Abolitionisten», viele Frauen gegeben. Das war zu einer Zeit, als diese Frauen selbst kaum Rechte in ihren Gesellschaften besaßen. Zu ihnen gehörten die entlaufenen ehemaligen Sklavinnen Sojourner Truth und Harriet Tubman, Mary Mc Leod Behune oder Daisy Bates und weiße Frauen wie Harriet Beecher-Stowe, die Autorin von «Onkel Tom's Hütte», oder Elizabeth Cady Stanton. Und es war ein Schlüsselerlebnis für die amerikanischen Frauen, als ihre Vertreterinnen im Jahre 1840 vom Anti-Sklaverei-Kongreß in London ausgeschlossen wurden, *weil sie Frauen waren!* Die amerikanischen Männer-Delegierten legten nach vergeblichem Protest ihr Mandat nieder. «Nachdem ich so lange für die Freiheit der afrikanischen Sklaven gekämpft habe», sagte einer von ihnen, William Lloyd Garrison, «kann ich an einem Kongreß nicht teilnehmen, der die Rechte der Frauen mit

Füßen tritt.»[11] Ein Brennpunkt, an dem deutlich wird, *daß die Fronten nicht immer entlang der gewohnten oder vermuteten Linien verlaufen.*

Die Ausfuhr der Ware Mensch stoppte also, doch am Charakter des Handels mit den neuen Waren hatte sich nichts geändert. Wie beim großen Menschenhandel *diktierten die Europäer auch jetzt die Austauschbedingungen.* Für ihr Palmöl, das Elfenbein, Gold, Holz, Kautschuk, Diamanten oder Kupfer bekamen die unterjochten Länder die schlechteste Sorte Schnaps, billigste Massenware, Waffen und Munition in mangelhafter Qualität – *ein aufgezwungener, ein ungleicher Tausch.*

In vielen Dokumenten aus der Konquista, jener Epoche, in der Tausende europäischer Frauen sich zu Komplizinnen haben korrumpieren lassen, sei es aus Gier nach Reichtum, für die Teilhabe an Macht und Herrschaft oder für die Suche nach Selbstverwirklichung, Abenteuern oder dem gesellschaftlichen Aufstieg, ist aber auch immer wieder die Rede von ganz anderen Frauen…

Ein Märchen aus längst vergangener Zeit – Die Unbestechlichen

Amazonas heißt heute der größte Strom, das gewaltigste Flußsystem mit den undurchdringlichsten Dschungeln des südlichen Amerika. Dieser Name und Hinweise in Reiseberichten aus den Tagen der Konquista, deren erster aus dem 16. Jahrhundert von dem Spanier Francisco de Orellana stammt, nähren die vage Vision von Amazonenreichen, die es gegeben haben mag im Herzen des gewaltigen Kontinents. Vor kurzem erst, Anfang der siebziger Jahre, entdeckte und fotografierte der deutsche Ethnologe von Puttmaker in den brasilianischen Tropenwäldern drei Höhlen. Die Indianer kannten sie als die «Höhlen der Amazonen». Sie enthielten Wandmalereien und verschiedene Gegenstände, die sich eindeutig auf jene Amazonen beziehen lassen, die Orellana einst nach indianischen Zeugnissen beschrieben hatte als «Frauen, die allein leben», «kriegerische Frauen», «Weiber ohne Männer», «große Weiber», «bewaffnete Weiber». Einige Indianerstämme scheinen sich in einer Art tributpflichtiger Abhängigkeit von Amazonaten befunden zu haben. Auf jeden Fall wissen wir von Orellana, daß sie auch gegen die Spanier gekämpft haben.

In einer bis zum heutigen Tag erzählten Geschichte der Akawoyo ist uns ihr Ursprung überliefert.[12] Es sind aufmüpfige Frauen. Ihre Anführerin, die Häuptlingsfrau To-eyza, ist ihrem Mann untreu geworden. Aber statt unterwürfig ihre Schuld einzugestehen, war sie «noch hochmütiger als ihr Mann». Am Badeplatz der Frauen rief sie zur Befreiung auf: «Manche sagen, die Ehe sei ein Schutz: ich halte sie für gemeine Unterwerfung. Lieber wäre ich tot! Was können wir, die von den Eltern weggegeben werden, von Liebe wissen? Alle unsere Tage verleben wir in Plage. Arbeit heute und Arbeit morgen, immer Arbeit und Leid. Widersetzt euch mit mir dieser schmachvollen Knechtschaft!»

Als To-eyzas Ehemann ihren Geliebten, den schwarzen Jaguar Walyarama, tötet, brannte in ihrem Herzen «ein flammender Zorn». Walyarama wird zu ihrem Schlachtruf. «Nach Rache schreien unsere Herzen, unser aller Herzen», rief sie. «Grausame Kränkung haben euch die Männer angetan. Fragt nicht! Ich werde euch führen. Ihr sollt alle frei werden!»

Die Rache der Frauen ist unerbittlich. Als die Männer des Stammes von der Jagd zurückkamen, reichten sie ihnen einen vergifteten Trank, und alle starben.

«Nun freut euch!» rief To-eyza aus. «Frauen, nun seid ihr frei! Nimmermehr beherrscht euch ein Gatte; niemand schlägt euch, bedrückt euch und narrt euch mehr, wenn ihr mir folgt.» Und die Frauen folgten ihr. Auf dem Weg in ihre neue Heimat gewinnen sie noch weitere Anhängerinnen. «Manch eine unzufriedene Frau schloß sich ihnen an.» Verfolgt von den Verbündeten ihrer Männer fliehen sie immer weiter «in dichte, dunkle Wälder», der untergehenden Sonne nach. Erst als sie außer Gefahr sind, lassen sie sich nieder, und To-eyza wurde ihre Königin. «Männer», so verkündete sie, «sollen uns als Liebhaber willkommen sein, wenn sie als Wanderer zu uns kommen, aber keiner darf sich bei uns niederlassen. Ihre Söhne, die von uns geboren werden, schicken wir fort. Aber wenn wir Mädchen gebären, so wollen wir sie freudig aufziehen als unsere Nachfolgerinnen!»

Da hätten wir also den Schatz gehoben, das feministische El Dorado und Utopia, die Gruppe Frauen, ohne den geringsten Makel von Komplizenschaft mit Männern, unkorrumpierbar allen patriarchalen Verlockungen widerstehend, an deren Beginn aber der Legende nach Mord stand. Pfeile schleudernd geisterten sie durch die Träume vieler Generationen von Frauen, die – gleich ihnen – das Joch der Unterdrückung abzuschütteln angetreten sind.

«Jahre sind seitdem vergangen», so endet die Geschichte, «ihre Töchter gehorchen noch immer diesem Gesetz. Sie erzählen noch immer in den Parimabergen die Geschichte von Walyarima.» – Aber auch an deren Anfang war tödliche Rache, war Mord, Gewalt.

Anmerkungen

1 Nach C. Boxer: Women in Iberian Expansion Overseas 1414–1815, Oxford 1975, S. 83 ff

2 S. dazu E. D. Morel: The Black Man's Burden, New York 1920, S. 16

3 Vgl. Heinrich Loth: Sklaverei, Wuppertal 1981, S. 81 ff

4 Zit. bei Philip S. Foner: History of Black Americans, From Africa to the Emergence of the Cotton Kingdom, Westport / London 1975, S. 112

5 S. dazu W. Elliot Brownlee und Mary M. Brownlee: Women in the American Economy, A Documentary History 1675 to 1929, New Haven and London 1976, S. 51

6 Vgl. dazu Christian Degn: Die Schimmelmanns, Neumünster 1974

7 Pierre Samuel: Amazonen, Kriegerinnen und Kraftfrauen, München 1979, S. 334 F., Fußnote 21

8 Vgl. dazu R. Pike: Aristocrats and Traders, Ithaca und London 1972, S. 33

9 Zitiert nach Charlotte Bunch: Doña Catalina de Erauso. Die Nonne zur See, in: Erinnerungen an Frauen. Eine Biographiensammlung, hg. v. Nancy Myron und Charlotte Bunch, Berlin 1977, S. 51

10 Margret Prescod-Roberts: Schwarze Frauen, Sozialhilfe und Dritte Welt, in: Frauen als bezahlte und unbezahlte Arbeitskräfte, Beiträge zur 2. Berliner Sommer-Universität für Frauen, Oktober 1977, Berlin 1978, S. 179 ff

11 Helene Lange: Eine amerikanische Führerin der Frauenbewegung, in: Die Frau, Jan. 1899, S. 226

12 Südamerikanische Indianermärchen, hg. und übersetzt von Felix Karlinger und Elisabeth Zacher, Düsseldorf / Köln 1976

Kurz, aber gründlich –
Kolonialismus auf deutsch

Das koloniale Fieber hatte auch die Deutschen ergriffen – Männer zuerst: Abenteurer, Missionare, Handwerker, Söldner, Gelehrte, Kaufleute und Fürsten. Martin Behaim kennen wir zumeist nur als Schöpfer des Nürnberger «Erdapfels», des ersten uns erhaltenen Erdglobus. Weniger bekannt ist, daß er verheiratet war mit einer Tochter des portugiesischen Statthalters der Azoreninsel Fayal und für seine Verdienste «um die portugiesische Sache» im Jahre 1485 zum Ritter geschlagen wurde. Balthasar Springer und Hans Mayr segelten 1505/06 im Auftrag der deutschen Handelshäuser Fugger, Welser, Hochstetter, Hirschvogel und Derer im Hofe nach Indien. Ulrich Schmidl kam auf Schiffen der Kaufmannsfamilien Welser und Neithart im Gefolge spanischer Konquistadoren 1534 in die «Neue Welt», nach Argentinien. Hans Staden veröffentlichte in Marburg ein Buch über seine Reiseabenteuer, die ihn bereits 1548 nach Brasilien geführt hatten. Zwanzig Jahre zuvor, 1528, war Venezuela Hauskolonie des Handels- und Bankhauses Welser geworden, Karl V. («in dessen Reich die Sonne nie unterging») hatte es ihm für einige Jahrzehnte verpfändet. Georg Hohermuth von Speyer, Philip von Hutten und Nikolaus Federmann wurden dort für die Welser als Agenten bei der Sklaveneinfuhr tätig. Der erste deutsche Statthalter von Venezuela, Ambrosius Ehinger, versteigerte indianische Kriegsgefangene auf öffentlichen Märkten und handelte mit Negersklaven.

Mitte des folgenden Jahrhunderts versuchte sich der deutsche Barockfürst Jakob von Kurland in den transatlantischen Dreieckshandel einzumischen. 1651 erschienen zwei Schiffe des Fürsten an der westafrikanischen Küste vor Gambia, wurden auf sein Geheiß hin auf der Insel St. Andreas und auf Bajona Befestigungsanlagen errichtet. Zwei Jahre später besetzten Jakobs Matrosen einen Küstenstrich der westindischen Insel Tobago. Die ehrgeizigen Pläne des Fürsten für den Sklavenhandel aber scheiterten bald kläglich an Skorbut, Tropenfieber und leeren Kassen. Graf Kasimir von Hanau war noch ehrgeiziger. Er wollte 1669 eine deutsche Siedlungskolonie in Guayana gründen: «Wohlan denn, dapfere Teutsche», so soll er gesagt haben, «machet, daß man in der Mapp neben Neu-Spanien, Neu-Frankreich, Neu-Engelland auch ins künftige Neu-Teutschland finde!» Es sollten noch mehr als 200 Jahre vergehen, bis sich dieser Traum erfüllte.

Als es schließlich soweit war, hatten Missionare mit Kreuz und Bibel und Kaufleute mit Schnaps und Feuerwaffen (manchmal auch eine Mischung aus beiden) das Terrain bereitet. Ihnen folgten die Eroberer. Mit gerissenen, ergaunerten und ungleichen Verträgen, militärischen Expeditionen und nackter Gewalt zogen sie alle Register ihres schändlichen Gewerbes. 15 Millionen Menschen und 2,5 Millionen Quadratmeter Land in Afrika, der Südsee und in Chinas Kiautschou raubten sie dergestalt zusammen. Dies war, verglichen mit den Kolonialreichen der Engländer, Franzosen oder Portugiesen ein relativ bescheidener Besitz. Und er war überdies auch nicht von langer Dauer, 35 Jahre nur, von 1884 bis 1919. Im Versailler Friedensvertrag mußte Deutschland auf jegliche kolonialen Rechte oder Ansprüche verzichten.

Gierige Hände

Im Vergleich zu den anderen europäischen Großmächten eroberte Deutschland eigene Kolonien erst relativ spät. Nicht daß die Mächtigen in unserem Land weniger aggressiv oder gar edelmütiger gewesen wären als ihre europäischen Nachbarn; es war ihnen vielmehr bis in die siebziger Jahre des 19. Jahrhunderts hinein nicht gelungen, im eigenen Land die Voraussetzungen zu schaffen, die ein solches «Unternehmen» wie die Inbesitznahme überseeischer Länder erforderte. Noch fehlte, um nur ein Beispiel zu nennen, eine zentrale Machtstruktur, die deutsche Wirtschaft lag infolge der Napoleonischen Okkupation darnieder, und die Menschen litten unsägliche Not. Erst die Zeit der «Befreiungskriege» bis 1813 brachte einen günstigeren Gang der Geschäfte: Rüstungsaufträge für die Schwerindustrie und volle Kassen bei den Kaufleuten, da für die Verpflegung der fremden Heere auf Deutschlands Boden enorme Summen ausgegeben wurden. Der Großteil des Volkes litt weiter Not. Auf der einen Seite sammelte sich so Reichtum, auf der anderen Elend an. Schließlich gelang es, die Fremdherrschaft abzuschütteln und die nationale Unabhängigkeit zu erringen. Zusammen mit der 1834 erfolgten Gründung des «Zollvereins» bedeutete dies grünes Licht für die politische Einigung und die Industrialisierung, den Wegbereitern des deutschen Imperialismus.

Eine wichtige Rolle in der ersten Investitionswelle nach dem Entstehen des «Zollvereins» spielte aufgrund technologischer Neuerungen vor allem die Schwerindustrie. Den entscheidenden Ausschlag in der weiteren Entwicklung gab dann aber die politische Einigung, die Gründung des Deutschen Reiches im Jahre 1871. Dazu gesellte sich die seitdem einsetzende Hochkonjunktur der Rüstungsindustrie. In diese Jahre fällt neben einer steigenden Zahl von Aktienbanken auch die Gründung der ersten deutschen Großbank durch die Fusion von 21 Bank- und Handelsfirmen unter dem Firmennamen «Deutsche Bank». Diese stürmische Entwicklung in den «Gründerjahren» wurde nicht zuletzt mit angeheizt durch die Entschädigungszahlungen Frankreichs an Deutschland nach dem Deutsch-Französischen Krieg von 1870/71. Doch erwies sich die ungehemmte Produktion der Schwerindustrie bald als verhängnisvoll. Und sie erreichte schon 1876/77 ihren vorläufigen Höhepunkt. Die Rendite sollte sicherer werden, also schlossen die Unternehmer sich enger zusammen, bildeten Kartelle und Interessenverbände und riefen nach staatlicher Lenkung. Zollgesetze wurden verabschiedet, um die Preise der deutschen Produkte gegenüber ausländischen konkurrenzfähig zu machen. Doch waren es nicht so sehr die Zollgesetze als vor allem der Eisenbahnbauboom in Nordamerika, der der deutschen Schwerindustrie wieder auf die Beine half. Als dieser dann nachließ, setzte wiederum ein Rückgang der Konjunktur in der deutschen Schwerindustrie ein.

In diesen Krisenzeiten wurde es zusehends uninteressanter, weiter in die deutsche Industrie zu investieren. Also sammelten sich zuviel produzierte Waren und brachliegendes Kapital an. Verschärft wurde diese Lage noch zusätzlich durch die Misere der deutschen Landwirtschaft: Wegen ihres Rückstands in der Mechanisierung konnte sie nicht Schritt halten mit der russischen und amerikanischen Konkurrenz. In dieser Zeit wanderten viele LandarbeiterInnen in die Städte, in der Hoffnung auf Arbeitsplätze und bessere Lebensbedingungen. Auch kleine und mittlere Bauernhöfe waren in ihrer Existenz bedroht, denn mit der Konzentration der Industrie war parallel eine Konzentration des Bodens einhergegangen.

Aber nicht nur Banken, Industrie und Großgrundbesitzer, auch die Arbeiterschaft hatte sich in dieser Zeit zusammengetan und Gewerkschaften, Vereine und politische Parteien gegründet. Ein Teil des alten Mittelstandes, selbständige Handwerker und Bauern waren durch die zunehmende Konzentration des großen Kapitals jetzt zum Untergang verurteilt; der neue Mittelstand, die vielen Beamten, Angestellten und Techniker, Funktionäre von Wirtschaft und Staat, Offiziere und Intellektuelle sah sich durch die neue Wirtschaftskrise vom «Sturz ins Proletariat» bedroht.

Dies war in groben Zügen der Hintergrund, auf dem das Deutsche Reich seine gierigen Hände ausstreckte nach überseeischen Ländern. Kolonien schienen einigen in dieser Situation die Rettung in der Not: Absatzmärkte für die zuviel produzierten Waren, Anlageobjekte für brachliegendes Kapital, Sicherung von billigen Rohstoffen für die Industrie-, Handels-, Großagrar- und Bankkapitalisten. Kleinere Bauern und Handwerker hofften auf eine selbständige Existenz in «eigenen» Kolonien, und nicht auswanderungswillige «kleine Leute» sollten wenigstens das Gefühl haben, zu einer starken Weltmacht zu gehören.

Fürst von Bismarck, der erste Kanzler des Deutschen Reiches, war allerdings kein besonderer Freund von Kolonien. Zwar sah er im Kolonialbesitz ein wichtiges außenpolitisches Machtmittel, wollte dafür aber keine größeren Summen Geldes lockermachen. Das sollten diejenigen übernehmen, die selbst auch wirtschaftliche Vorteile aus den Kolonien zögen. Die deutsche Kolonialpolitik nahm deshalb erst nach Bismarcks Entlassung im Jahre 1890 einen entscheidenden Aufschwung. Für Kaiser Wilhelm II. dagegen gehörten Kolonien durchaus zum Kalkül seiner Weltmachtbestrebungen. Er und die vaterländischen Gruppen, die ihn unterstützten, wollten die Kolonien nun auch als Wirtschafts- und Siedlungsgebiete ausbauen. Diese zweite Phase der deutschen Kolonialpolitik wurde gekennzeichnet durch die großen Kriege gegen die sich zur Wehr setzenden afrikanischen Völker: in Ostafrika 1889/90, 1905 und 1906; in Südwestafrika zwischen 1904 und

1907. Nach der Niederschlagung des militärischen Widerstandes folgte in der dritten Phase die Konsolidierung der deutschen Kolonialpolitik. Die Eroberer richteten sich ein.

«Wäre ich ein Mann gewesen…»

Wir schreiben das Jahr 1913. Es ist das 25. Regierungsjahr Kaiser Wilhelms II. Europas neue Fortschrittsgläubigkeit feiert Triumphe. Kunst und Kultur blühen. Die sozialen Gegensätze spitzen sich weiter zu; während sich ein Großteil der Bevölkerung wegen des enormen Preisanstiegs kein Fleisch mehr leisten kann, florieren Luxusrestaurants für Adel und Bürgertum, in Berlin zum Beispiel Kempinski, Adlon oder Café Kranzler. Auf der politischen Bühne zieht das drohende Wetterleuchten eines nahenden Weltkrieges herauf. Die Rivalität der europäischen Kolonialmächte um Rohstoffquellen und Absatzmärkte verschärft sich. In Südafrika demonstriert Mahatma Gandhi mit über 2000 Anhängern gegen Rassismus und Apartheid. In diesem Jahr 1913 erscheint in Berlin das Buch der deutschen Farmerin Ada Cramer aus der Kolonie «Südwest».

Windhuk, Hauptstadt der Kolonie Deutsch-Südwestafrika, am 4. April 1913: Um 11 Uhr vormittags ergeht vom Obergericht als Berufungsinstanz folgendes Urteil: «Der Farmer Ludwig Cramer, Otjisororindi, wird wegen gefährlicher Körperverletzung in Tateinheit mit Nötigung, begangen an Eingeborenen zu vier Monaten Gefängnis und 2700 Mark Geldstrafe sowie zur Tragung der Hälfte der Gerichtskosten verurteilt.»[1]

Durch dieses Urteil wurde das in der ersten Instanz ausgesprochene Strafmaß von 21 Monaten Gefängnis erheblich zugunsten des Angeklagten abgemildert. Damit war ein Fall abgeschlossen, der nicht nur die Gemüter der Betroffenen und der weißen Farmerschaft heftig bewegt hatte, sondern auch in der deutschen und ausländischen Presse hohe Wellen schlug. Worum ging es?

Nach verschiedenen wirtschaftlichen Fehlschlägen und schiefgelaufenen Spekulationen versucht Ludwig Cramer sein Glück in den Kolonien. 1907 schifft er sich mit seiner Frau Ada – die vier Kinder bleiben zunächst in Deutschland – auf der «Adolf Woermann» ein, Kurs: Deutsch-Südwestafrika. Dort kaufen sie sich eine Farm, 20 000 Hektar groß, ein Hektar kostete damals 30 bis 50 Pfennige.

«Das Land ist über Erwarten schön und fruchtbar, zum Teil schwerer Weizenboden, überall dichte, üppige Weide und viel Baumwuchs», schwärmt Ada Cramer. «Doch davon, daß vor wenigen Jahren ein zahlreiches Volk das Land bewohnt hatte, war nicht mehr das geringste zu spüren.» [2] Das einstmals «zahlreiche Volk» waren die Herero. Gegen sie, die um Freiheit und Unabhängigkeit ihres Volkes kämpften, hatten die Deutschen mit General Lothar von Trotha an der Spitze einen «totalen Krieg» geführt: «Innerhalb der deutschen Grenze wird jeder Herero, mit oder ohne Gewehr, mit oder ohne Vieh, erschossen. Ich nehme keine Weiber und keine Kinder mehr auf, treibe sie zu ihrem Volk zurück oder lasse auf sie schießen», verkündete er in seiner Proklamation vom 2. Oktober 1904. 1884 wurde die Kolonie Südwest zum deutschen «Schutzgebiet» erklärt; 1892 wurden die Herero auf zirka 80 000 Köpfe geschätzt. Nach einer offiziellen Statistik von 1909/10 lebten noch 19 962 von ihnen. Etwa 3000 war die Flucht nach Betschuanaland gelungen. Alle anderen waren entweder erschossen oder in die Wüste getrieben worden und sind dort elend zugrunde gegangen.

Überall in den deutschen Kolonien herrschte ein chronischer Mangel an Arbeitskräften. Dieser gründete zum einen auf der massiven Weigerung der einheimischen Bevölkerung in den besetzten Gebieten, für die neuen Herren zu arbeiten, zum anderen wirkten sich die Folgen der heftigen und blutigen Kolonialkriege aus, ebenso wie die hohe Flucht- und Todesrate unter den verschleppten, entwurzelten Zwangsarbeitern. Aber es zeigt auch der Gebärstreik seine Wirkung, den viele der kolonialisierten Frauen als ihre ureigenste Widerstandswaffe einsetzten. Eines der wichtigsten Probleme in den deutschen Kolonien bestand also in der Rekrutierung einer ausreichenden Anzahl von Arbeitskräften.

Diesem Problem sahen sich auch die Cramers gegenüber: «Große Not hatten wir, vom Distriktamt die nötigen Eingeborenen zu bekommen. Schließlich erhielten wir drei Männer, Hereros, fünf Frauen und sechs Kinder im Alter von 7 bis ¾ Jahren. Diese Leute waren eben eingefangen worden, hatten sich dabei zur Wehr gesetzt und geschossen, wobei sieben Leute von der Werft getötet wurden.»[3]

In der Kolonialszene hieß sie die «Arbeiterfrage», und zu ihrer Beantwortung ließen sich die Deutschen einige spezielle Methoden einfallen. In allen deutschen Kolonien war Zwangsarbeit für die einheimische Bevölkerung die Regel. Die deutsche Kolonialverwaltung fand vielerlei Mittel und Wege, sie durchzusetzen; oft genug auf dem «sauberen» Verwaltungsweg. So wurden zum Beispiel am 18. August 1907 im kolonialen Südwestafrika Verordnungen erlassen, die unter anderem auch die folgenden Maßnahmen beinhalteten: Von diesem Tag an galt für die afrikanische Bevölkerung das Verbot von Landerwerb und Viehhaltung, die Einführung von Paßgesetzen und einer «geregelten» Kontraktarbeit. Diese «Eingeborenenverordnungen» waren die Keimzelle der Apartheid. Die Afrikaner wurden in Gettos in der Nähe der Wohn- und Arbeitsstätten der Weißen angesiedelt, Paß- und Meldepflicht hoben ihre Freizügigkeit auf. Das Verbot von Landerwerb und Viehhaltung beraubte sie ihrer eigenständigen traditionellen Existenzgrundlage. Sie mußten so zu Lohnsklaven für die Weißen werden.

Teil der Strategie, das Problem des vorherrschenden, überall spürbaren Arbeitskräftemangels zu lösen, war der Einsatz von Kriegsgefangenen. Kriegsgefangene wurden Bergwerksgesellschaften, Plantagen und Farmen als Arbeitskräfte zugewiesen und außerdem für öffentliche Arbeiten eingesetzt. Der Anteil von Frauen und Kindern unter ihnen war hoch. Bei den Herero in Südwestafrika zum Beispiel begleiteten die Frauen mit ihren Kindern nach alter Tradition die Männer in den Kampf. Sie wurden von den Deutschen genauso gefangengenommen wie ihre Männer. Oft aber wurden Frauen und Kinder gezielt geraubt, als Geiseln gehalten, um die dazugehörigen verwandten Männer entweder zusätzlich oder stellvertretend für sie als Arbeitskräfte zu erpressen. Durch Flucht(versuche), Arbeitsverweigerung, Sabotage versuchten sich die Zwangsrekrutierten aufzulehnen, zur Wehr zu setzen, Widerstand zu leisten.

Dies war auch die Situation auf der Cramerschen Farm, und sie spitzte sich zu: die Cramers fühlten sich bedroht. Angeblich wollte die einheimische Dienerschaft die Familie Cramer und ihr Vieh vergiften. Die Rede war von einer Wurzel namens Okukaikai. Außerdem kam es ständig zu Viehdiebstählen. Um diese Vorfälle «aufzuklären», prügelte Cramer bestialisch mit dem Schambock, der Nilpferdpeitsche, drauf los. Die Opfer waren – von wenigen Ausnahmen abgesehen – hauptsächlich Frauen. Einige von ihnen waren schwanger.

Zu der Schwere der Verletzungen an einigen der Mißhandelten führte der Sachverständige des Prozesses, Dr. Holländer, in der ersten Verhandlung am 12. September 1912 folgendes aus:

«Die Konturu hat meiner Ansicht nach eine Fehlgeburt gehabt... ob sie auf das Prügeln zurückzuführen ist, kann ich nicht mit Bestimmtheit sagen... Unmöglich ist es jedenfalls nicht, daß durch die seelische Wirkung des Prügelns die Fehlgeburt veranlaßt wurde... Maria hatte auch im Gesicht Striemen wie von Stockschlägen. Bei ihren großen Verletzungen hatte sie starkes Wundfieber gehabt und längere Zeit in Lebensgefahr geschwebt. Gegenwärtig übertreibt das Weib – das bei seinem Erscheinen im Gerichtssaal sich stöhnend und ächzend auf den Boden gelegt hatte – zweifellos. Der große Hautdefekt, der durch Nebeneinanderfallen mehrerer Hiebe verursacht wurde, hat sich nicht beseitigen lassen... Die Amalia hatte einen 20 × 12 cm großen Hautdefekt, aber bei ihrer Jugend eine bessere Heilhaut; sie ist wieder hergestellt und dürfte keine nachteiligen Folgen davontragen... Die Auma hatte einen 20 × 18 cm großen Hautdefekt mit Fliegenmaden und brandiger Haut an den Rändern, ebenso kleinere Hautdefekte auf der Schulter und an den Brüsten. Sie war hinfällig und ist gestorben. Ein Zusammenhang zwischen den Hieben und dem Tod ist nicht nachzuweisen... Die Magdalene hatte ebenfalls viele geschwürige Wunden, auch an den Brüsten, das Fieber, das sie hatte, ist offenbar kein Wundfieber gewesen, dem Weibe muß noch etwas anderes gefehlt haben...»

Neun Monate später, am 3. April 1913, hält der Staatsanwalt sein Plädoyer und stellt ergänzend fest: «Der Fall Maria hat sich wohl in seinen Folgen als der schwerste erwiesen. Vielleicht erinnern sich die Beteiligten, die am letzten Termin zugegen waren, daß damals die Zeugin, ein schwaches, gebrochenes Weib, nicht mehr aufrecht stehen konnte, in den Gerichtssaal getragen werden mußte, und damals wagte man zu behaupten, daß die Zeugin simuliere. Heute ist das Weib tot. Daß die Zeugin an den Folgen der Körperverletzung gestorben ist, ist nicht bewiesen. Es konnte in dieser Hinsicht zum Glück für den Angeklagten nichts festgestellt werden... Die meisten der Verletzten hatten neun Monate nach der Tat noch offene Wunden...»[4]

Im Verlauf der Verhandlung wurde auch die Ehefrau des Angeklagten, Ada Cramer, als Zeugin vernommen. Der *Südwest Bote* berichtet ausführlich. Von einigen der Prügelungen will sie zunächst nichts gewußt haben. Die Verhandlung schleppt sich dahin – bis es zu einem Zwischenfall kommt: «Der Oberrichter bricht ein Stück der als Okukaikai bezeichneten Wurzel ab und verzehrt es lächelnd, indem er zur Zeugin äußert: ‹Sehen Sie, es bekommt mir ganz gut.› Da erhebt sich die Zeugin plötzlich vom Stuhl und ruft mit gerungenen Händen vor dem Richtertisch sich bewegend, mit tränenerstickter Stimme: ‹Oh, Herr Oberrichter, spotten Sie nicht, spotten Sie nicht unserer Not! Sie wissen nicht, was wir durchgemacht haben!› Der Vorsitzende verwahrt sich im weiteren Verlauf der Verhandlung mehrfach entschieden dagegen, daß er irgendwie habe Spott betreiben wollen. Frau Cramer beschreibt die Schmerzen, die sie erst nach dem Genuß des vergifteten Sennesblättertees gehabt: ‹Gerade, als wenn ein armer Sünder aufs Rad geflochten wird, so war mir. Der ganze Rücken war gerade wie in kleine Stücke zerschlagen.›»

Die Verhandlung geht weiter. «Als sie sagt, sie haben den Weibern die Oberkleider vor der Prügelung aufgeschnitten, ihrem Mann hätten die Hände zu sehr vor Erregung gezittert, hebt der Vorsitzende den Schambock empor und sagt: ‹Er war nicht fähig, die Kleider aufzutrennen, aber prügeln konnte er!› Zeugin: ‹Mein Mann hat nie unmenschlich geprügelt.› Vorsitzender: ‹Ich bedaure, meine gnädige Frau, wenn Sie auf dem Standpunkt stehen, diese Weiber seien menschlich behandelt worden. Ich für meine Person stehe auf dem Standpunkt, sie sind unmenschlich behandelt worden.› Zeugin (weinend): ‹Ich möchte den Mann sehen, der seine Frau und Kinder liebhat und das nicht täte, und möchte die Frau sehen, die mit ihrem Mann das durchgemacht hat, was ich habe durchmachen müssen.›»

Frau Cramer, die «gnädige Frau», hat kein Wort des Mitleids für die geschundenen Opfer. Im Gegenteil. Sie assistiert dem Schläger, ihrem Mann. Zerschneidet den Frauen die Kleider, damit er besser zuschlagen kann. Keine Spur von Bedauern, kein Empfinden für das Unrecht. Aber Ada Cramer geht noch weiter. Noch im selben Jahr verfaßt und veröffentlicht sie ihre Verteidigungsschrift, und darin sagt sie: «Wäre ich ein Mann gewesen, hätte ich die ganzen Weiber über den Haufen geschossen.»[5]

Ada Cramer war kein Einzelfall. Am 17. September 1911 erschlug die Farmerin Elisabeth Ohlsen den «Klippkaffern» Deubib mit einem Ast. Sie wurde freigesprochen. Auch Maria von Weiher aus dem Omaruru-Bezirk war des vorsätzlichen Mordes «unter mildernden Umständen» schuldig gesprochen. Sie wurde zu wahlweise 300 Pfund Geldstrafe oder achtzehn Monaten Gefängnis verurteilt. Diese spektakulären Fälle, über die in den *Windhuker Nachrichten* und im *Britischen Blaubuch* berichtet wurde, sind jedoch nur die Spitze eines Eisbergs, unter dem sich alltägliche Gewalt und strukturelles Unrecht verbargen, wobei sich die deutschen Frauen als verläßliche Komplizinnen ihrer Männer erwiesen.

Die koloniale Frauenfrage

«Der Mann gründet das Haus, die Frau hält es! Der Satz gilt heute mehr wie je auch für unsere Kolonien. Könnte es doch Euch, Ihr deutschen Frauen und Mädchen, für unser junges Deutschland über See gewinnen. Was Ihr an gewohnten Annehmlichkeiten des Lebens, an Geselligkeit, Vergnügungen und Anregungen aller Art hier im Vergleich mit der alten Heimat entbehren würdet, es wird mehr als aufgewogen durch die Betätigung und Pflichterfüllung, in der Ihr Euch an der Seite eines geliebten Gatten ausleben könnt. Wahrlich, es ist ein schönes Los, in diesem Siegeszuge deutscher Kultur eine Stelle einnehmen zu dürfen!»[6] Magdalene Prince, geborene von Massow, die 1902 so lockt und schwärmt, weiß, wovon sie redet, lebt sie doch seit 1900 als Pflanzersfrau in Sakkarani, West-Usambara, Ostafrika. Wir werden ihr später noch öfter begegnen.

Wir kennen das Phänomen bereits aus der Konquista: Mit der zunehmenden wirtschaftlichen Erschließung der Kolonien nach ihrer militärischen Befriedung stellte sich der Koloniallobby immer drängender die Frage nach einer zuverlässigen Art der Herrschaftssicherung.

Wollte man die einheimischen Völker auf Dauer von der Teilhabe an Macht, Herrschaft und Reichtum ausschließen, so eignete sich nichts besser dazu, als sie aufgrund ihrer «Rasse» auszuschließen. Doch nicht nur «weiß» zu sein war jetzt die Parole, sondern «weiß und deutsch».

Das «Problem» erhielt seine hochexplosive Brisanz durch das stetige Anwachsen einer «Mischlingsbevölkerung», die weder weiß noch schwarz war. Alle ehelich geborenen Kinder, die deutsche Männer mit Frauen der Kolonialvölker hatten, wären automatisch Deutsche geworden, hätten also auch alle staatsbürgerlichen und bürgerlichen Rechte der Deutschen besessen. Theoretisch hätte so eines Tages ein «Farbiger» die Möglichkeit gehabt, General der «Schutztruppe», Polizeipräfekt, Richter oder gar Gouverneur einer Kolonie zu werden. Solche Vorstellungen scheinen die deutsche Koloniallobby in Angst und Schrecken versetzt zu haben. Deshalb wurde ein sogenanntes «Mischehenverbot» erlassen. Allen an der Diskussion Beteiligten aber war klar, dieses «Problem» konnte letztlich nur durch ein ausreichendes «Angebot» an weißen (deutschen) Frauen gelöst werden. Sollte also eine «Verkafferung» der männlichen Kolonialelite verhindert werden, mußten Frauen in die Kolonien, deutsche Frauen, die deutsche Kinder (bevorzugt Jungen) zur Welt brachten und sie in deutschem Geist erzögen.

Am größten war das «Problem» in der Kolonie mit den meisten Männern im Land, in Südwestafrika. Siedler, Farmer, Beamte haben verschiedene Initiativen zu seiner Lösung ergriffen. Als Schrittmacher sind aber an erster Stelle die Gouverneure der Kolonie, Leutwein und von Lindequist, zu nennen. Beide setzten sich schon früh mit der «Deutschen Kolonialgesellschaft» in Verbindung, mit deren Unterstützung die ersten Frauen und Mädchen in die Kolonien «verschickt» wurden. Da waren Ehefrauen, Verlobte und Verwandte, deren Männer oder männliche Verwandte bereits in den Kolonien waren und für die in den relativ hohen Reisekosten zuvor ein Trennungsgrund bestanden hatte. Um die Junggesellen zu versorgen, machte sich die «Deutsche Kolonialgesellschaft» an die Entsendung unverheirateter Frauen, Haushälterinnen, Köchinnen, Haus- und Farmgehilfinnen, die gleichzeitig als potentielle Bräute kamen.

Solange allerdings die Befreiungskämpfe der Völker Südwestafrikas nicht militärisch gelöst waren, hielten sich die Zahlen der in die Kolonie reisenden alleinstehenden Frauen in bescheidenen Grenzen. 1907 aber, parallel zu dem Sieg über die Aufständischen, wurde im Reich ein besonderer Verein gegründet, der «Frauenbund der Deutschen Kolonialgesellschaft». Als Gründerinnen werden Frauen um die Freifrau Adda von Liliencron genannt; eine Frau, die sich besonders mit der Betreuung der «Schutztruppler» hervorgetan hatte, also die militärische Situation aus sicheren Quellen kannte. Gleichwohl ist dieser Frauenbund, der 1908 formal Mitglied der «Deutschen Kolonialgesellschaft» wurde, nie ein eigenständiger Verein gewesen. Die Verwandtschaft mit der «Deutschen Kolonialgesellschaft» war eng, die Organisation betrieb keine eigenständige Politik, sondern kümmerte sich vielmehr um die Verbreitung der Ziele deutscher Kolonialpolitik bei den Frauen und um die Fraueneinwanderung in die Kolonien sowie deren Betreuung vor Ort. Mit ihrem Vereinsorgan *Kolonie und Heimat* wollten sie außerdem die Verbindung zwischen Frauen im Reich und in den Kolonien herstellen.

Die Kolonialbehörden in Berlin sahen zwar das «Problem», begrüßten denn auch die ergriffenen Privatinitiativen aufs wärmste, aber mehr als dieses verbale Lob rückten sie, die ständig knapp bei Kasse waren, anfänglich gar nicht, später nur sehr zögernd heraus.

«Probesendungen» und «Weihnachtskisten»

Die ersten unverheirateten Frauen, die über das Fraueneinwanderungsprogramm der «Deutschen Kolonialgesellschaft» reisen konnten, trafen zu Beginn des Jahres 1898 in Südwestafrika ein. Bereits am 20. März desselben Jahres konnte der Gouverneur der Kolonie, Theodor Leutwein, vom glücklichen Ausgang dieses Experiments berichten: Eines der Mädchen war bereits verheiratet, weitere sechs waren verlobt. Ende 1898 waren insgesamt 25 ledige Frauen und damit potentielle Bräute in Südwestafrika eingetroffen. Eine erste größere Zahl von ihnen traf im Dezember 1899 in Swakopmund ein, «gleichsam als Weihnachtsgabe des Mutterlandes für die frauenarme Kolonie». Ein Jahr später, im Dezember des Jahres 1900, erfolgte die «zweite Mädchenfuhre». «Sämtliche Mädchen aus der ersten und zweiten Weihnachtskiste, wie man sie in Südwest nannte, haben sich nach kurzer Zeit im Schutzgebiet verheiratet.»[7]

Über die Ausreise einer der ersten größeren Frauengruppen im November 1898 berichteten auch die deutschen Tageszeitungen ausführlich. So erzählte jemand in der *Magdeburger Zeitung* vom 6. November 1898: «Ich nahm Gelegenheit, diese zukünftigen Mütter der Kolonie, die in dem Mädchenheim ihr letztes Quartier auf deutschem Boden gefunden hatten, aufzusuchen und diese Trägerinnen deutscher Art für das neue Deutschland an der Westküste Afrikas mir anzusehen. Sechzehn waren es an der Zahl im Alter zwischen 19 und 28 Jahren. Alle gesund und frisch von Ansehen, bereit, den klimatischen und sonstigen Gefahren zu widerstehen. Es war ein ganz anderer Ausdruck, der auf den Gesichtern lag, als man ihn sonst bei Auswanderern zu sehen pflegt. Von Wehmuth und Sorge keine Spur. Alle mit dem Ausdruck fröhlicher Hoffnung auf dem Antlitz, als könnte es ihnen nicht fehlschlagen. Die Mädchen stammen aus allen Gegenden Deutschlands und sind alle an Arbeit gewöhnt; sie waren bisher Köchinnen, Hausmädchen oder ländliche Dienstboten. Sie zeigten mir ihren Vertrag, der auf zwei Jahre bei halbjähriger Kündigung und freier Rückfahrt ausgestellt ist und der die Mädchen für Faktoreien und Plantagen in der Nähe von Swakopmund als Mädchen für alles in Dienst nimmt. Sie erhalten völlig freie Station und monatlich 20 Mark von der Kolonisationsgesellschaft, in deren Dienst sie getreten sind. Ich bemerkte, daß der Lohn nicht hoch sei und daß sie dabei nicht allzuviel erübrigen würden. Die Angeredete lächelte, für sie antwortete aber eine andere: ‹Wir wollen doch dort heirathen.› Meine Frage, ob sie denn auch wüßten, daß sie einen Mann bekämen, wurde mit siegesbewußtem Lächeln aufgenommen. An eine Rückkehr nach beendeter Dienstzeit dachte keine; sie wollen alle drüben ihr eigenes Haus bauen. Möge ihnen das ersehnte Glück blühen zu ihrem und der Kolonie Nutzen!»

Auch die später durch Vermittlung des Frauenbundes ausgereisten Frauen wurden gern geheiratet. Nach einer Untersuchung waren im Frühjahr 1911 von den zwischen Oktober 1907 und Mai 1910 vermittelten 158 Frauen 54 bereits verheiratet, drei von ihnen nach Kapstadt verzogen, sieben nach Deutschland zurückgekehrt. Von sechs Frauen war der Verbleib «unbekannt», die restlichen 88 waren zum Teil noch in ihrer ersten, zum Teil aber auch in neuen Stellungen in der Kolonie.

Die meisten von ihnen waren «einfache Mädchen», zwischen zwanzig und 35 Jahre alt, vom Frauenbund «auf das sorgfältigste» ausgewählt. An Fertigkeiten mußten sie «kochen, waschen, plätten und einen einfachen Rock und Bluse selbst herstellen können». Am geeignetsten waren «Mädchen vom Lande», die bereits mit Hühnerzucht, Milchwirtschaft und Gartenarbeit vertraut waren. Der Frauenbund vermittelte den angenommenen Bewerberinnen einen vier- bis sechswöchigen Krankenpflegekurs, bezahlte Reisekostenzuschüsse zur zweiten Schiffsklasse oder gewährte freie Ausreise in der dritten Klasse; betreute die Frauen in Hamburg bis zur Ausreise, sorgte für vertrauenswürdigen «Schutz» während der Überfahrt und auf dem Weg zum Bestimmungsort und garantierte bei zweijähriger Vertragseinhaltung die Vergütung der Rückreise.

An Lohn erwartete die Dienstmädchen und «Stützen der Hausfrau», nach ursprünglich niedrigeren Löhnen, um 1910 dann ein Anfangsgehalt von monatlich etwa 50 Mark, das sich im zweiten oder dritten Jahr auf 70 bis 80 Mark erhöhte. Kindergärtnerinnen verdienten rund 70 Mark, Erzieherinnen und Lehrerinnen in Privathaushalten rund 100 Mark. Alle Gehälter basierten auf freier Kost und Logis. In Hotels oder Kantinen gab es bessere Verdienstmöglichkeiten, dort waren dafür aber die Arbeitsbedingungen wesentlich härter.

Die geringe Anzahl vertragsbrüchiger Frauen oder frühzeitiger Rückkehrerinnen und die relativ hohe Zahl von Kolonialheiraten deutet darauf hin, daß die meisten von ihnen zufrieden waren mit ihrem neuen Leben. Einige der Frauen hatten sich nach Ablauf ihrer zweijährigen Dienstverpflichtung auch selbständig gemacht. Als Schneiderinnen, Caféhausbesitzerinnen, Wäscherinnen oder Weißnäherinnen. Andere stiegen in das Freizeitgeschäft für Angehörige der «Schutztruppen» ein. Die meisten von ihnen aber nahmen offensichtlich die Gelegenheit wahr, sich zu verheiraten. Und damit verband sich oft auch ein gesellschaftlicher Aufstieg für sie. Clara Brockmann, eine «alte Afrikanerin», wie die deutschen Frauen sich nach einigen Jahren Aufenthalts in der Kolonie gerne nannten, schilderte die Entwicklung auf ihre Weise: «Das Bewußtsein, in dem damals noch recht frauenarmen Lande mit Freude begrüßt zu werden, steigerte von vornherein das Gefühl der persönlichen Wertschätzung; die Ansprüche wuchsen überraschend schnell, die Arbeitslust verringerte sich, und die Landesverhältnisse taten das übrige, um zu bewirken, daß einfache Landmädchen die Dame zu spielen versuchten, binnen kurzer Zeit mehrfache Soldatenbraut wurden und in keiner Weise ihrem ursprünglichen Zweck mehr entsprachen, nämlich eine tüchtige Arbeitskraft im Hause darzustellen. Manche heirateten auch sehr schnell und spielten dann in aufdringlicher Weise die Parvenusgattin, andere gefielen sich als Barmädchen und in zweifelhaften Gewerben. Diese Zeiten sind jetzt vorüber.» [8] Jetzt, das ist 1910. Clara Brockmann konnte sich derart mokieren, weil sie den «Weihnachtskisten» das voraus hatte, was jene auch durch Heirat nicht erreichen konnten: sie war eine «echte» Dame.

Echte Damen

Aus den «einfachen» Frauen, deren Ausreise durch die «Deutsche Kolonialgesellschaft» oder ihren Frauenbund finanziert wurde, rekrutierte sich der Großteil der weiblichen weißen Siedlerbevölkerung. Dies trifft zumindest auf die deutsche Kolonie Südwestafrika zu. Dort waren von den am 1. Januar 1909 anwesenden 1826 erwachsenen weißen Frauen allein etwa 891 durch die Deutsche Kolonialgesellschaft und ihren Frauenbund finanziell unterstützt worden. Von den verbleibenden 935 Frauen waren zirka 80 Prozent evangelische Missionarinnen, Missionsangestellte oder katholische Nonnen.

Tonangebend in dieser «kolonialen Frauenwelt» aber waren die Frauen, die aus bessergestellten gesellschaftlichen Kreisen kamen, finanziell abgesichert, «gebildet». Sie konnten sich zum großen Teil auf ihren «Kolonialberuf» in einer der speziell für sie eingerichteten Schulen im Reich vorbereiten. In der «Kolonial-Haushaltungsschule» zu Carthaus bei Trier etwa, die von den Franziskanerinnen von Nonnenwerth geleitet wurde und unter dem Protektorat des Fürsten Aloys zu Löwenstein, des Hochwürdigen Herrn Domkapitulars Hubertus Stein aus Trier, des Reichstagsabgeordneten Erzberger und des Präsidenten des Sankt-Raphael-Vereins stand.

In Bad Weilbach bei Wiesbaden war der wirtschaftlichen Frauenschule 1911 eine «Kolonialfrauenschule» angegliedert worden. In dieser Schule, in die «nur Töchter aus gebildeten deutschen Familien» aufgenommen wurden, umfaßte der Ausbildungsplan in eineinhalbjährigem Unterricht die Fächer einfache Küche, Backen von Schwarz-, Weißbrot und Kuchen, Zerlegen, Verwerten, Aufbewahren des Fleisches, Pökeln, Räuchern, Wurstbereitung, Konservieren von Gemüse und Obst in Gläsern und Büchsen, Obstweinbereitung, Waschen und Plätten, Reinigen der Zimmer, Küche und Gerätschaften, Ausbessern von Wäsche und Kleidern, Weißnähen, Schneidern und allerlei in den Kolonialhaushalten benötigte Fertigkeiten wie kleinere Reparaturen, Löten, Anstreichen, Polstern, Lederarbeiten usw. Dazu kam Pflege des Hühnerhofs, der Gemüse- und Obstgärten, Bienenzucht, Milchverarbeitung, Viehhaltung und sonstige landwirtschaftliche Arbeiten, aber auch Grundzüge der praktischen Buchführung, Kolonialgeographie und -geschichte, Wirtschaftslehre, koloniale Lektüre, Kranken-, Wochenbett-, Säuglings- und Kinderpflege sowie Arzneikunde.

Bereits drei Jahre früher, 1908, war der für Männer errichteten «Deutschen Kolonialschule» in Witzenhausen (die bis zum heutigen Tag, allerdings unter neuem Namen, Experten für tropische Landwirtschaft ausbildet) eine Abteilung für Frauen angegliedert worden. Der Vorteil dieser Schule war die Nutzung der Einrichtungen der traditionsreichen Männerschule. Die Frauen lernten dort neben den Fertigkeiten, wie sie auch in Bad Weilbach vermittelt wurden, zum Beispiel auch Lymphe herzustellen, was sie berechtigte, Tiere zu impfen. Außerdem standen in Witzenhausen Tropenlandbau, Chemie, Ernährungslehre und Tierheilkunde auf ihrem Stundenplan.

Daß es jedoch nicht darauf ankam, «was die Frau kann», sondern vielmehr darauf, «was sie ist», verrät uns die Leiterin der Kolonialfrauenschule in Witzenhausen, Gräfin Zech: «Nicht in freiem, burschikosem Wesen soll ihre Tatkraft sich äußern, sondern in echter Weiblichkeit soll sie dem neuen Deutschland über dem Meere den Stempel ihrer Wesensart aufdrücken, nicht bloß streben und arbeiten soll sie draußen, sondern sie soll sein, beseelt vom Geiste echten Christentums, die

Hohepriesterin deutscher Zucht und Sitte, die Trägerin deutscher Kultur, ein Segen dem fernen Lande: deutsche Frauen, deutsche Ehre, deutsche Treue überm Meere!»[9]

Überm Meer hatten die Eroberer sich inzwischen etabliert: «Würde man einen Landsmann vor unser Windhuk stellen, so wird er ohne weiteres sagen, daß es eine kleine deutsche Stadt ist», kennzeichnete Clara Brockmann die Hauptstadt der deutschen Kolonie Südwestafrika im Jahre 1912.[10] Das Leben verlief nach europäischem Muster – allerdings nur für die Weißen. Die afrikanische Bevölkerung war ausgesperrt in Massenquartieren und Gefangenenlagern vor den Toren der Stadt.

Doch unter der sorgsam geglätteten Oberfläche der weißen Kolonialgesellschaft brodelte es. Von einer Flut von Beleidigungsprozessen, Nervosität, Jähzorn und Querulantentum, auch einer Selbstmordepidemie war da die Rede, Klatsch und Tratsch blühten, der Alkoholkonsum war enorm, Sekt wurde wie Sodawasser getrunken und hieß bald nur noch «Farmer-Weiße». Die einheimische Bevölkerung existierte für die meisten von ihnen zuerst in Form eines «Problems».

Das «Dienstbotenproblem»

Ob Stadt, ob Land, ob Südsee, Neuguinea oder Afrika, gemeinsam hatten die deutschen Siedlerinnen ein Problem, das viele der «Damen» bereits aus der Heimat kannten, das «Dienstbotenproblem». Da gab es solche wie die Pflanzersfrau Erika Busse-Lange in Ostafrika, die nur «Boys» angestellt hatte: «Man befiehlt dem Boy, ohne großartig ‹bitte› und ‹danke› zu sagen... Der Boy springt, soweit das ein Neger überhaupt im Dienste kann.»[11] Dabei kam sie selber als Erzieherin und Dienstmädchen nach Ostafrika, heiratete dort einen Kaffeepflanzer, war früher also selber einmal Dienstbotin. Bei den sogenannten «Boys» handelte es sich im übrigen nicht um Kinder, auch erwachsene Männer wurden so gerufen.

Eine andere «alte Afrikanerin» erinnerte sich an «ihre Hottentotten und Kaffern» so: «Moses war an die vier Jahre bei mir. Er servierte tadellos und würdig, wie ein Oberkellner aus dem ‹Kaiserhof› in Berlin. Frech ist er immer geblieben.»[12]

Margarethe von Eckenbrecher, geborene Hopfer, trennte sich von Pauline, der Tochter des Großmanns Paul Goseb und ihr erstes Mädchen zur persönlichen Bedienung. Pauline war aus königlichem Haus, eine jener Töchter, die in den frühen Jahren der Kolonie Südwestafrika von ihren einflußreichen Vätern als «Zeugen und Garanten der Sicherheit» und zur «Einführung in den Lebensstil der Europäer in einer Art Volontärverhältnis» an europäische Familien übergeben wurden. Aber, königliches Geblüt hin oder her, «mit meiner Pauline hielt ich es nicht lange aus», lamentierte Frau von Eckenbrecher. Es kam sie «zu teuer», auch noch die königlichen Verwandten «mit durchfüttern zu müssen». Außerdem war Paulines Arbeitsleistung «gleich Null». Offensichtlich verstanden beide Seiten unter dem «Volontariat» etwas völlig Verschiedenes. Und Frau von Eckenbrecher trennte sich «kurz entschlossen» von ihr. «Von der Zeit an», fährt sie fort, «rührt wohl meine Antipathie gegen weibliches schwarzes Dienstpersonal. Bis auf den heutigen Tag vertrage ich keine Kaffernweiber im Haushalt, sondern beschäftige nur Jungen. Diese Abneigung teile ich mit vielen weißen Frauen. Nur bei der Wäsche sind sie unentbehrlich; ich habe aber dafür gesorgt, daß Wasch- und Plättküche im Nebengebäude liegen.» [13]

Nach dieser Einleitung verwundert es nicht, daß die beiden Waschfrauen ihr nichts recht machen konnten. Trotzdem, so behauptet sie, sei eine der beiden, die Hottentottin Emma, ihr «besonders ergeben» gewesen. Emma liebte den kleinen Sohn der Hausfrau sehr und sang ihm selbstgedichtete Wiegenlieder vor. Die Mutter aber rümpfte die Nase über den «Rassengeruch» der Dienerschaft und gestand zynisch und ohne eine Spur von Bedauern oder Entschuldigung, daß sie gelegentlich auch zur Peitsche griff, was sonst ihrem Ehemann vorbehalten war: «In seiner Abwesenheit war ich anfangs in großer Not mit der Dienerschaft, da ich weder die Hottentotten- noch die Herero-Sprache so schnell ohne jegliche Hilfsmittel erlernen konnte. So kam es oft zu großen Mißverständnissen, die zu Unbotmäßigkeiten von seiten der Leute führen mußten. Wenn mir die Geduld riß, mußte meine Reitgerte vermitteln; das war aber selten.» [14]

Auch für Clara Brockmann verdient die «Behandlung der Wäsche» besondere Aufmerksamkeit, und auch sie hat ihre liebe Not, die Afrikanerinnen zu «recht guten Wäscherinnen und Plätterinnen» heranzubilden – was nur unter «ständiger Aufsicht» möglich war. «Empfindliche Stoffe» durfte man ihnen «natürlich» nicht anvertrauen. Der Kampf gegen den «Grauschleier», gegen Staub und Ungeziefer, die «Erziehung der Eingeborenen zur Reinlichkeit» füllen seitenlang Artikel und Bücher der deutschen Frauen aus den Kolonien. Mit welchen Methoden sie sich an diese ihre «Kulturaufgabe» machten, verrät auch Maria Karow, die auf der Farm ihrer Schwester und des Schwagers in Okambahe, Südwestafrika, lebte: Da «die Eingeborenen Güte für Dummheit, Nachsicht für Furcht halten, müssen sie eben ein strenges Regiment fühlen». Für sie ergibt es sich «von selbst», daß «der Weiße sich immer als Herr fühlen muß». Leute, die «verkaffern», also «für den Rassenabstand kein Gefühl haben», gehören für sie nicht in die Kolonien. Deshalb sind Heiraten zwischen Weißen und Farbigen ihrer Meinung nach «mit Fug und Recht» verboten. «Denn die Reinerhaltung der deutschen Rasse allein gewährleistet uns, daß die Kolonie deutsch bleibt in ihrem innersten Wesen.» Und die Grundlage dieses Deutschtums ist für sie und viele andere die deutsche Familie: «Hier hat die deutsche Frau Gelegenheit, auf ihrem eigensten Gebiet, auf dem der Hausfrau und Mutter, mitzuarbeiten. Nirgends spielt die Hauswirtschaft eine größere Rolle als in einem solchen neuen Siedlungsland.»[15]

Dieses «eigenste Gebiet» der Frauen beinhaltete auch tägliche Gewalt, in denen sie ihren Patriarchen durchaus verwandt waren: Magdalene von Prince, die berüchtigte «Königin von Usambara» genannt, wurde von den Afrikanern gefürchtet, weil sie als Herrscherin ihrer Großplantage auch gern selbst zur Peitsche griff. Bei Maria Karow sind «die Eingeborenen nur durch Prügel zu bändigen», wie sie einmal und durchaus ohne Scham gesteht. Lydia Höpker verteilte «selbstverständlich Ohrfeigen» an die schwarze Arbeiterschaft oder schoß zur Warnung «über die Köpfe». Erika Busse-Lange gibt zu, auch «sacksiedegrob» gewesen zu sein. Und Clara Brockmann bedauerte, daß Schläge ein «Vorrecht» für eingeborene Männer gewesen seien.

Das Zeug, aus dem man Heldinnen macht

Die Aufwertung, die die Haushaltsführung der deutschen Frauen in den Kolonien durchaus auch in den Augen von Männern erfuhr, beruhte in Wirklichkeit zum weitaus größten Teil auf der Arbeit der einheimischen Dienerschaft. Es ging hauptsächlich darum, deren Widerstand gegen die Arbeit der Weißen zu brechen, sie richtig «abzurichten». So erregte beispielsweise Frau Ohlsen mit ihrer «vortrefflich dressierten Dienerschaft» den Neid einer anderen Siedlerin, Helene von Falkenhausen.[16]

Die deutschen Frauen revanchierten sich für diese mit der Heimat vergleichsweise bessere soziale Stellung mit einem glühenden Nationalismus. Ohne Nationalismus hätte keine Kolonie Bestand haben können, und er wiederum wurde zum Garanten der privilegierten Situation der Kolonialfrauen. Dort in den Kolonien waren sie die «Herrinnen», Teilhaberinnen der Macht. Und so kam es, daß diese Frauen bereit waren, «ihre» Kolonie zu verteidigen mit Haut und Haaren. Einzelne von ihnen taten sich hervor mit besonders spektakulären Heldenstücken, die zumindest tagespolitische Aufmerksamkeit genossen.

Zu einer der frühen Heldinnen wurde Margarethe Leue, «ein schlichtes Mädchen im Diakonissengewande»[17], in der Kolonie Kamerun. Dort brach 1893 ein Aufstand als Reaktion auf das grausame Regiment des Gouverneursbeamten Leist aus. Als Stellvertreter des abwesenden Gouverneurs Zimmerer hatte Leist aus Dahome ungefähr 300 Frauen und Männer für einen Zeitraum von fünf Jahren «gemietet». Ein Mann kostete 320 Mark, eine Frau 280 Mark. Die Männer wurden von Leist in die Polizeitruppe gesteckt. Sie erhielten keinen Lohn. Geld verdienen konnten nur ihre Frauen – durch Prostitution. Leist bediente sich auch selber unter den Frauen, ließ sie Nackttänze veranstalten und verteilte sie an Dinnergäste für einen Abend. Tagsüber mußten die Frauen im Gouvernementsgarten arbeiten. Die Leute aus Dahome erbitterten sich derart über diese Zustände, daß sie beschlossen, Leist zu töten. Eines Tages ordnete Leist die öffentliche Auspeitschung von Dahomefrauen an, die sich geweigert hatten, für ihn zu arbeiten. Die Polizeisoldaten aus Dahome zwang er zuzusehen. Noch in derselben Nacht wurde ein Weißer erschossen. Er hatte Leists üblichen Platz am Tischende eingenommen. Leist selber war nicht anwesend. Dieser Schuß aber war das Signal zu einem bewaffneten Aufstand. Als am Abend des 15. Dezember 1893 Aufständische das Feuer auf die deutsche Kolonie in Duala, Kamerun, eröffneten, waren neben 65 Männern auch 46 Frauen daran beteiligt. Es waren jene gedemütigten, erniedrigten Frauen, die «Kanzler» Leist öffentlich wegen Arbeitsverweigerung hatte auspeitschen lassen. Die Aufständischen waren in die Munitionskammer des Gouvernementsgebäudes eingebrochen und hatten Waffen und Munition einschließlich dreier Geschütze in ihre Gewalt gebracht. Dann hatten sie das Feuer auf die Beamtenhäuser und das Regierungsgebäude eröffnet. Den Deutschen gelang es erst am nächsten Morgen gegen zehn Uhr vormittags, sich auf den Kreuzer «Nachtigal», der im Hafen vor Anker lag, zu flüchten. Fast sechs Tage lang konnten die Rebellinnen und Rebellen die Stellung halten, auch noch, als Verstärkung für die Deutschen durch die Schlachtschiffe «Kreuzer», «Hyäne» und «Baden» eintraf. Am 23. Dezember 1893 um drei Uhr früh erfolgte der entscheidende Gegenschlag. Es dauerte bis acht Uhr morgens, dann hatten die Deutschen das Gouvernementsgebäude zurückerobert. Um ein Uhr mittags war das Gefecht zu Ende. Die aufständischen Männer, deren Leist habhaft werden konnte, wurden gehängt, die Frauen zu Zwangsarbeit auf eine entfernte Plantage verurteilt.

Margarethe Leue wurde im Verlauf des Gefechts mit einigen Männern in einer Apotheke eingeschlossen. «Der tapfere Trupp hielt sich in dem schwach gebauten Häuschen einen ganzen Tag: die Schwester, als einzige Frau, trug unter fortwährendem Kugelregen mit umsichtiger Tapferkeit die Munition zu und übernahm die Sorge für die Verwundeten. Die schlimme Lage hinderte sie aber durchaus nicht, nach beendetem Aufstand ihre völlig verwüstete und zerschossene Station wieder zu beziehen – (und zwar allein, denn die zweite Schwester war kurz vor dem Aufstand am Fieber erkrankt und gestorben) – und späterhin, verheiratet, noch lange in der Kolonie zu leben. Solche Frauen, aufopfernd, tapfer und jeder Lage gewachsen, sind Pioniere, wie das Vaterland sie draußen brauchen kann.»[18] Bild und Geschichte der Heldin gingen durch die Reichspresse.

Südwestafrika, das im Image der Kolonialapologeten so etwas wie

Deutschlands «Wilder Westen» war, wurde auch zur Heimat einiger deutscher Heldinnen, vor allem während der Freiheitskriege der dort ansässigen Völker von 1904 bis 1907. Da bekam die Frau des «Schutztruppen»-Wachtmeisters Weber für einen wagemutigen, halsbrecherischen Ritt von über 100 Kilometern zur Rettung flüchtender deutscher Frauen und Kinder die «bronzene Südwestafrika-Denkmünze». Emma Dorn, verwitwete Hittchen, aus Gochas im Norden der Kolonie, erlebte und beschrieb einen Überfall der Aufständischen, bei dem ihr Mann ums Leben kam, und ihre abenteuerliche Flucht. Sie wurde 1909 vom deutschen Kaiser mit einem Kriegsorden bedacht. Eine andere, Frau Struller, verheiratet mit einem Farmer, «eine resolute Bayerin», rettete ihrem Mann das Leben, indem sie sich furchtlos vor ihn stellte, ihn deckte, wohlwissend und darauf vertrauend, daß die Nama – ganz im Gegenteil zur Praxis deutscher Militärs – Frauen und Kinder des Feindes nicht gezielt oder vorsätzlich erschossen.

Doch die Teilhabe der deutschen Frauen an Macht und Ruhm kann nicht darüber hinwegtäuschen, daß die «Heldinnen» nur Herrinnen waren gegenüber der einheimischen schwarzen Bevölkerung. Nichts zu melden hatten sie dort, wo wichtige kolonialpolitische Entscheidungen getroffen wurden. Dies waren reine Männergremien. Im Landwirtschaftsrat waren nur jene Frauen stimmberechtigt, die «in Ermangelung des Mannes» eine Farmwirtschaft leiteten, Witwen also oder alleinstehende Farmerinnen, auch solche gab es in «Südwest». Doch diese waren zu keiner Zeit das erwünschte Leitbild. Die anerkannte Norm der weißen Kolonialgesellschaft in den deutschen Kolonien sah die «Hüterinnen der Kultur» als Ehefrauen und Mütter. So war ihre gesellschaftliche Position auch an die ihres (oder überhaupt eines) Ehemannes gebunden. Wenn es sein mußte, wurde deshalb nicht nur die «neue Heimat» verteidigt, sondern eben auch der Ehemann, wie wir am Fall der Ada Cramer gesehen haben.

Frauenwelten

«Wohl nirgends sonst in der Welt wird uns deutschen Frauen von den Herren der Schöpfung soviel Verehrung entgegengebracht wie gerade in unseren Kolonien.» [19] Dieses Ansehen und ihre gesellschaftliche Position verdanken sie der Ideologie von der «Überlegenheit der weißen Rasse», dem Herrschaftsanspruch von Europäern auf überseeische Kolonien und der Gewalt, die ausgeübt wurde, diese Länder und Völker in Besitz zu nehmen, sie auszubeuten, zu beherrschen, zu kolonialisieren. Weiße Kinder waren die Garanten zukünftiger Herrschaftssicherung der Kolonien, die aber konnten nur weiße Männer mit weißen Frauen haben. Die deutschen Kolonialistinnen gehörten deshalb zu den eifrigsten Verfechterinnen des Prinzips der «Rassenreinhaltung» der deutschen weißen «Herrenrasse».

Deutsche Männer konnten sich zwar mit farbigen Frauen vergnügen. Farbige Frauen aber konnten ihnen keine legitimen, anerkannten Erben gebären. Die farbigen Frauen waren deshalb zwar Konkurrentinnen für die deutschen Frauen um die weißen Männer, doch konnten sie sich ihnen überlegen fühlen, da sie wußten, wie gefragt gerade ihr Nachwuchs war.

Farbige Frauen waren aber auch Konkurrentinnen um die Männer ihrer Völker, denen die deutschen Frauen durchaus nicht mit Gleichgültigkeit begegneten. Zwar war der Preis einer solchen Verbindung für eine deutsche Frau ein hoher: sie bezahlte unweigerlich mit dem Verlust von Ansehen, Ehre und Status, Ausschluß aus der weißen Kolonialgesellschaft und damit von der Teilhabe an der Macht. Trotzdem muß es solche Fälle gegeben haben, denn im *Südwestboten* vom 5. März 1913 wetterte ein Kommentator: «Daß das Treiben schlechter weißer Frauen auch den hiesigen Eingeborenen nicht unbekannt ist, beweisen deren Auslassungen, wenn ihnen Vorhaltungen über unsittliches Betragen gemacht werden, nur zu gut!»

Selbst «hundertprozentige» Kolonialistinnen fanden die kolonialisierten Männer durchaus attraktiv. Mehr oder weniger offen gestehen sie dies in ihren zahllosen Veröffentlichungen auch ein. Frieda Zieschank begeisterte sich an der Schönheit der samoanischen Männer, Paula Karsten bewunderte die Afrikaner von Südwest, auch wenn sie sich hinter der Formulierung «das europäische Auge» versteckt, das «mit Staunen und Bewunderung auf die mächtig entwickelte Muskulatur» der Männer blickt.[20]

Junge Männer einer ostafrikanischen Sultansfamilie hatten es Magdalene Prince angetan. Bei ihnen hatte sie «wirklich nicht das Gefühl, sich mit Schwarzen zu unterhalten». Sie genoß deren Besuche in ihrem Haus: «Es ist ein Vergnügen, die beiden intelligenten Burschen zu beobachten, dabei sind es hübsche Leute, an Gesicht sowohl wie an Wuchs. Auch an Galanterie fehlte es ihnen nicht...»[21] Ähnlich scherzten auch Helene von Falkenhausen und ihre Schwestern gerne mit Samuel Maherero, einem Herero-Fürsten, der in der Zeit vor den großen Freiheitskriegen in ihrem Elternhaus ein und aus ging. Sofie von Uhde schildert «nackte Neger» als «schöne, heitere Menschen»[22], und wie sie empfanden viele andere.

Es muß also bei den deutschen Kolonialistinnen auch unterdrückte Sexualwünsche gegeben haben. Das würde bis zu einem gewissen Grad auch ihre Behandlung einheimischer Frauen erklären: Die Konkurrenzsituation weiße Frau kontra einheimische Frau um die weißen Männer war weiter verschärft durch die Konkurrenz um einheimische Männer.

Die kolonialisierten Frauen waren aber auch «wilde» Frauen, das heißt, sie waren nicht durch die patriarchalisch-bürgerliche Zucht gezähmt, entsprachen daher nicht dem Ideal der domestizierten deutschen Frau, die ihre Unterdrückung verinnerlicht hatte und zur Hausfrau, Gattin und Mutter geschrumpft war. Diese kolonialisierten Frauen, die mit ihrem Gebärstreik den Kolonialherren die Verfügung über ihre weibliche Produktivkraft verweigerten, müssen für die deutschen Kolonialistinnen, deren Status von ihrer Kinderzahl abhing, eine große Herausforderung gewesen sein. Zu diesen widersprüchlichen Frauenwelten äußerte sich sogar ein Mann, Graf Pfeil, in einem Beispiel aus der Südsee: «Daß europäische Frauen sieben und mehr Kinder gebären, gilt unter den Kanaken als etwas ungemein Erstaunliches, und mir ist kein Fall auch nur durch Hörensagen bekannt geworden, in welchem eine Kanakenfrau annähernd so zahlreiche Nachkommenschaft gehabt hätte.»[23] Und Leonore Nießen-Deiters, die sich besonders für die Auswanderung deutscher Frauen in die Kolonien einsetzte, machte zu diesem Thema folgende Anmerkung: «Eine sehr ästhetische Dame meinte nämlich zu diesem Punkte, eine intelligente, gebildete Frau sei doch zu schade, so gewissermaßen als Zuchtstute betrachtet zu werden.» [24]

Die Herausforderung lag also offen zutage, doch die deutschen Kolonialistinnen nahmen sie nicht an, beantworteten sie statt dessen mit Beleidigung, Verachtung, Versklavung und Mißhandlung der einheimischen Frauen, die nicht ihren Normen entsprachen.

Sie haben Bände gefüllt mit gehässigen Behauptungen und damit kräftig zur Popularisierung und Verfestigung von Stereotypen und Vorurteilen beigetragen. «Sie sind schmutzig und stinken», heißt es da, «sie sind häßlich, dumm, faul, dreist, heimtückisch, sie lügen und stehlen», oder «sie sind kokett, hinter weißen Männern her und ruinieren diese in jeder Beziehung».

Als Legitimation mußte ihre pedantische Haushaltsführung herhalten. Sie begriffen sich als das Maß aller Frauen: weiße, deutsche Hausfrauen. Die enge, kleinkarierte, provinzielle Auffassung von dem, was gut und böse, ordentlich, sittlich, weiblich war, ließ sie andere Frauen demütigen, ja vernichten. Was immer sie an fanatischem rassistischem und sexistischem Haß zu bieten hatten, es waren vor allem die Frauen der kolonialisierten Völker, über die sie ihn ergossen. Es kam ihnen nicht in den Sinn, ihre Situation als Frauen zu überdenken, die eigene unwürdige Lage zu erkennen. Denn, keine Frage, in ihren Familien und in ihrer Gesellschaft gaben die Männer den Ton an. Indem sie sich aber mit den Zielen und Werten ihrer Herren identifizierten, verdrängten sie nicht nur ihre eigene Unterdrückung, sondern beraubten sie sich außerdem der Chance, den Aufenthalt unter fremden Völkern als Lernprozeß für sich zu nutzen. Statt dessen brachten sie Unheil und Unrecht, machten sie sich mitschuldig. Und das alles für das bißchen Anerkennung durch weiße Männer, die sie doch hundertfach betrogen. Aber wie auch sollte ein «richtiges Leben im falschen» zu führen sein?

Heidenmission

Im Jahre 1805 ließen sich zwei deutsche Missionare, die Brüder Abraham und Christian Albrechts, im Gebiet der späteren deutschen Kolonie Südwestafrika nieder. Sie waren ausgesandt von der Londoner Missionsgesellschaft, wie auch der deutsche Missionar Schmelen, der ihnen 1815 folgte. Schmelen siedelte sich zunächst an einem Ort an, den er Bethanien nannte, schloß sich dann aber dem Nama-Clan unter Jager Afrikaner an. Als dieser mit seinen Leuten nordwärts zog und Quartier in der Nähe der heutigen Stadt Windhuk nahm, nannte er die neue Siedlung «Schmelens-Hoffnung» zu Ehren des Missionars, der sich eine Nama zur Frau genommen hatte und ein einflußreiches Mitglied des Stammes geworden war. Es waren die Berichte dieses Mannes, die nun auch die deutschen Missionsgesellschaften nach Südwestafrika zogen. 1842 nahm dort die «Rheinische Missionsgesellschaft» ihre Arbeit auf.

Die Missionare mußten für sich und ihre Familien selbst sorgen. So stiegen sie ins Handelsgeschäft ein: Jede Missionsstation betrieb einen Laden, in dem sie neben Stoffen und Kleidung, verschiedenen Lebensmitteln und anderen Waren vor allem Waffen und Munition an die Afrikaner gegen Vieh verkaufte. In den kriegerischen Auseinandersetzungen der Völker Südwestafrikas jener Zeit um die politische Oberherrschaft spielte das Monopol der deutschen Missionare im Waffenhandel eine wichtige Rolle. Sie versorgten in erster Linie jene Stammesführer mit Kriegswaffen und anderen Hilfsgütern, die gegen die entstehende Zentralgewalt kämpften. Die Folge davon war ein erneutes Auseinanderdriften der Stämme, die somit in der entscheidenden Phase den deutschen Eroberern geschwächt und zersplittert gegenüberstanden.

Die Missionare holten die ersten deutschen Handwerker ins Land, den Wagenmacher Tamm aus Thüringen und den Schmied Halbich aus Schlesien. Und als die Missionare die Folgen ihrer Politik des «indirekten militärisch-strategischen Engagements» zu spüren bekamen in Form von Plünderungen und Überfällen auf ihre Missionsläden, riefen sie im Jahre 1869 den König von Preußen um Schutz an. Ihr Vorschlag war, zunächst eine Marinestation in Walfischbay zu errichten. Zwar zeigte der König viel Interesse, doch hielten ihn der Deutsch-Französische Krieg und die Reichsgründung zu sehr in Atem. Daher konnten zunächst die Briten Walfischbay im Jahre 1878 annektieren. Vier Jahre später erschien der Bremer Kaufmann Lüderitz auf der Szene, und seine Landerwerbungen sollten die ersten Gebiete Südwestafrikas werden, die Bismarck unter den formalen «Schutz» des Deutschen Reiches stellte. Als 1884/85 schließlich ganz Südwestafrika (ohne Walfischbay) deutsches «Schutzgebiet» wurde, erklärte dazu die Rheinische Mission: «Es freut uns von ganzem Herzen, daß das wieder geeinte und erstarkte Deutschland nun auch angefangen hat, seiner hervorragenden Machtstellung in Europa entsprechend, auch Anteil zu nehmen an der großen Weltherrschaft Europas, und daß nun gerade unsere südafrikanischen Missionsgebiete es gewesen sind, die zuallererst unter den Schutz und die Oberhoheit des Deutschen Reiches gestellt worden sind, das erfüllt uns mit einer ganz besonderen Freude.»[25] – Wie sagt doch ein Sprichwort der Afrikaner im südlichen Afrika: «Als du hierher kamst, hatten wir das Land und du hattest die Bibel. Jetzt haben wir die Bibel und du hast das Land!»

Pionierarbeit leisteten die Missionare auch auf anderen Gebieten. Mit der «Erziehung» der Einheimischen, die sie nicht nur als Christianisierungsaufgabe verstanden, verbreiteten sie die deutschen Werte, die da waren: Fleiß, Pflichterfüllung, Pünktlichkeit, Unterordnung. Durch Schulfarmen, Viehwirtschaft auf den Missionsstationen und Ausbildung von Männern in europäischen Handwerken wurde die schwierige Aufgabe in Angriff genommen, die kolonialen Völker zu «brauchbaren» Kolonialuntertanen zu machen. Überall führten die Missionare neue landwirtschaftliche Methoden ein, predigten sie gegen die vorherrschende «lasche Arbeitsmoral». Sie propagierten den Anbau von Produkten nicht nur zur Eigenversorgung, sondern für den Verkauf an Europäer. Missionsschüler bestellten die Schulfarmen, Gemeindemitglieder die Missionspflanzungen.

Machten sich einzelne Missionare auch in einigen Fällen brutaler Mißhandlungen zum Anwalt der Einheimischen, so stand doch ihre grundsätzliche Loyalität zur deutschen Oberhoheit und Kolonialverwaltung außer Zweifel. Auf einer Gouvernementssitzung in Windhuk im April 1908 lobte der Präses der Rheinischen Mission die Eingeborenenverordnungen als «eine stramme Jacke, aber eine gute Jacke»[26].

Die Missionsschulen waren nach europäischem Vorbild aufgebaut. Die Unterrichtsschwerpunkte ähnelten sich überall wie ein Ei dem anderen: Es gab handwerkliche Ausbildung für Knaben und hauswirtschaftliche für Mädchen. Mädchenerziehung wurde meist erst in einer späteren Phase in Angriff genommen, als deutlich wurde, daß die christlichen Männer entsprechende christliche Frauen brauchten, um in ihren Familien christliche Generationen heranzubilden. Ohne die Bekehrung der Frauen eines «heidnischen» Volkes für den christlichen Glauben war dieses Missionsziel nicht gesichert. Den Zugang zu den Frauen aber konnten sich nur wieder Frauen verschaffen. Neben dieser schulischen Arbeit lag das Wirkungsfeld der weiblichen Missionsangehörigen in sozialen und karitativen Einrichtungen wie Kindergärten, Waisen- und Krankenhäusern. Und meist waren es gerade diese sozialen Dienste, die den Missionen Sympathisanten und Täuflinge zuführten. Die Frauen in diesen Diensten haben so entscheidend zu den Erfolgen der Missionen beigetragen.

Wer waren diese Frauen, was brachten sie den Menschen der Länder, in die sie gekommen waren, ohne daß sie darum gebeten worden wären?

Da sind zunächst die Frauen, die mit Missionaren verheiratet waren. Ihre Aufgabe war es vordringlich, eine christliche Ehe vorzuleben, in christlicher Arbeitsteilung da zu wirken, wo die Männermissionare keinen Zugang finden konnten, in der Frauenwelt. Viele von ihnen kannten den zukünftigen Ehemann nicht, als sie sich entschlossen, dem «Ruf als Missionsbraut» zu folgen. So waren auf dem Schiff, das die zweiundzwanzigjährige Herrenhuter Schwester Maria Hartmann im Jahre 1859 nach Asien brachte, außer ihr noch vier andere «Missionsbräute», weitere zwei Herrenhuterinnen und zwei Schwestern von der Goßener Mission. Maria Hartmann war als Tochter eines Missionarsehepaars in Paramaribo / Surinam geboren. Der Mann, mit dem sie fast 40 Jahre lang unter Tibetern missionieren sollte, hieß Wilhelm Heyde. Das Eheleben der Maria Heyde in Stichworten: bereits 1860 Geburt einer Tochter, 1862 Frühgeburt, 1863 Geburt eines Sohnes, danach noch weitere fünf Kinder, drei davon starben früh.

Wie sah sie die Tibeter? Einem angehenden Missionar, der unter Tibetern arbeiten sollte, gab Maria Heyde den folgenden Ratschlag:

«Liebhaben, liebhaben und noch einmal sehr liebhaben müssen sie die Leute. Das ist das einzige, was ich Ihnen sage. Es wird Ihnen dort drüben vieles sehr fremd vorkommen. Da kann nur die Liebe helfen.»[27] Das klingt besser als alles, was wir von Kolonialistinnen gehört haben – aber was ist das für eine Liebe?

Zwar sind für Maria Heyde die Tibeter «im Grunde ein gutmütiges und harmloses Volk, gastfreundlich und gefällig. Auch kommen ihnen gewisse Vorzüge einer alten Kultur zugute», doch stellen sich der christlichen Missionierung «schwere Hindernisse» in den Weg. Neben der Religion, dem Lamaismus, ist das vor allem die «Sittlichkeit im engeren Sinne». Die «Unsittlichkeit» ist nämlich das «Hauptlaster» der Tibeter. «Unbescholtenheit der Unverheirateten ist überhaupt nicht vorhanden, Ehebruch an der Tagesordnung.» Gerhard Heyde, der das Buch über seine Eltern nach Tagebuchaufzeichnungen seiner Mutter schrieb und 1921, vier Jahre nach ihrem Tod, veröffentlichte, schildert die tibetanische Gesellschaft jener Zeit als eine, die dem deutschen Missionarsehepaar wohl sehr fremd erschienen ist – gerade was Ehe und Frauen betraf. Diese standen nach Landessitte nämlich «nicht nur mit ihrem Mann, sondern zugleich auch mit dessen Brüdern in ehelichem Bunde». Dafür gab es wichtige Gründe: «Es beruht dies auf dem Bestreben, den Besitz an Grund und Boden nicht zu zersplittern und außerdem etwaiger Übervölkerung vorzubeugen.»[28] Da in einer solchen Ehe die Väter der Kinder nicht zu bestimmen sind, galten eben alle als solche. Der älteste Bruder-Mann führte den Titel «der große Vater», der zweite den des «mittleren Vaters» und der dritte den des «kleinen Vaters». Der vierte Bruder wurde ins Kloster geschickt. Gab es in einer Familie keine Söhne, suchte die älteste Tochter sich unter dem Beirat der Eltern und von Verwandten väterlicherseits einen Mann. Sie blieb im elterlichen Haus und verfügte über den Besitz. Die Schwestern heirateten außer Haus. Die Erbin konnte ihren Ehemann wegschicken, wenn sie ihn satt hatte, und sich einen anderen nehmen. Doch auch die anderen Ehen waren nicht angelegt, so lange zu halten, bis daß der Tod sie schied. «Ehescheidungen werden sehr urwüchsig behandelt: Der Mann schickt die Frau fort, die ihm nicht mehr paßt, oder die Frau entläuft einem ihr nicht mehr behagenden Gatten.» Alles in allem, die tibetanischen Frauen hätten eine ganze Menge zu verlieren gehabt, hät-

ten sie sich der christlich-abendländischen Ehemoral unterworfen, die
für diese Freiheiten der Frauen nur das Etikett «unsittlich» hatte.

Maria Heyde aber hatte den Frauen noch etwas anderes anzubieten.
Während ihr Ehemann auf einer Musterfarm den Anbau von Roggen
und Kartoffeln einführte, lehrte sie die Frauen das Stricken, eine bis
dahin in Tibet unbekannte Fertigkeit. Zwar dauerte es Jahre, bis die
ersten Frauen kamen, denn «alle Handarbeiten außer dem Spinnen waren ursprünglich bei den tibetanischen Frauen verpönt». Doch schließlich kamen nach und nach 80 bis 90 Frauen aus sechs Dörfern und strick-
ten an zwei Abenden in der Woche Strümpfe, 100 bis 120 Paar – nicht für
sich selbst, sondern für den Verkauf «zum Besten der Mission» nach
Indien. Diese Abende benutzte die Missionarin, den Frauen fromme
Sprüche und Verse und das Gleichnis von den «fünf klugen und törichten
Jungfrauen» zu erklären. Viele «Bekehrungen» scheint es jedoch nicht
gegeben zu haben. Sohn Gerhard, der sechzehn Jahre nach der Abreise
der Missionarsfamilie aus Tibet dorthin zurückkehrte, fand zwar noch
Strickerinnen, die sich an manche Worte der Maria Heyde erinnerten,
aber sie waren immer noch «heidnisch». Zum Glück, möchte ich hinzu-
fügen. Und zum Glück waren die deutschen Missionare ohne deutsche
Soldaten, ohne preußische Beamte und kapitalkräftige Unternehmer
gekommen. Denn wo diese ein Interesse an der Einführung christlicher
Moral hatten, hatten die Menschen wenig Chancen, ihr zu entrinnen.
Das beste Beispiel dafür waren die Zustände in den deutschen Kolonien.
Wir werden noch einmal darauf zu sprechen kommen.

Doch zurück zur Geschichte mit dem Stricken. Es blieb nicht bei den
Strümpfen für die indische Mission. Die Frauen begannen «auf eigene
Hand» zu stricken und die Strümpfe gegen Geld an Fremde zu verkau-
fen. Während bis dahin in der Hauptsache Salz oder Borax aus dem
Gebirge in die Ebene gebracht wurden, um dort gegen Getreide und
andere Lebensmittel getauscht zu werden, wurde mit dem Verkauf von
Strümpfen gegen Geld etwas völlig Neues eingeführt. Dieser Einbruch
des Geldes in eine durch Produktentausch geprägte Gesellschaft oder
zumindest die Sensibilisierung dafür war ein Schaden, den die Missionare angerichtet haben; eines jener Dinge, mit denen sie sich gewaltig
eingemischt und Veränderungen eingeleitet haben auch dort, wo sie in
der «Bekehrung» nicht so erfolgreich waren.

Die Wirkung war noch um ein Vielfaches verstärkt überall dort, wo noch andere Kräfte daran interessiert waren, der Geldwirtschaft zum Sieg zu verhelfen. Die Missionare arbeiteten ihnen voll in die Hände. Dazu ein kleines Beispiel: Die Missionarsfrau Aenne Trey geht mit ihrem Mann und dem vier Monate alten Töchterchen in Südwestafrika auf Missionsfahrt, um die afrikanischen Arbeitskräfte auf den verschiedenen Farmen zu betreuen. Sie besucht eine Schule, und die Schulprüfung fällt «nicht gerade glänzend aus», berichtet sie. Warum? «Zu verwundern ist das nicht», erklärt sie, «wenn man sieht, wie Schulmeister Otto versucht, etwa 60 Kinder mit einer kleinen Tafel und einer Fibel lesen und schreiben zu lehren. Das ist entschieden falsch angewandte Sparsamkeit. Sobald die Eltern ihren Kindern Tafeln und Fibeln gekauft haben, sollen sie eine schöne Wandtafel erhalten. Dann werden hoffentlich die kleinen ABC-Schützen besser bestehen.» [29] Das heißt: der Anreiz kommt von der Mission – eine Wandtafel –, aber nur nachdem die Eltern der Kinder Geld ausgegeben haben für Tafeln und Fibeln. Um an Geld heranzukommen, müssen die Eltern sich bei den Weißen verdingen, Lohnarbeit annehmen. Geld wird notwendig, wenn die Kinder eine Chance haben sollen, sich nicht mehr so als Lohnsklaven zu schinden, wie die Eltern es mußten. Die Schule erscheint als das Heilmittel, da die Weißen bessere Arbeit an Afrikaner mit Schulbildung vergeben. Doch was lernten diese Kinder in den Missionsschulen? Sie lernten nicht mehr, wie die Lieder ihrer Eltern und Großeltern klangen, dafür lernten sie vielleicht das «Heideröslein» oder «Lobe den Herren». Sie lernten nicht mehr die Sagen und Mythen ihrer Vorfahren, sondern wer ihr neuer «Herr» war, der deutsche Kaiser. Sie lernten nicht mehr die Namen der Gräser und Pflanzen, die früher Bestandteil ihrer Ernährung waren, deren Heilkraft sie zuvor zu nutzen verstanden; statt dessen lernten sie Aspirin und Kaffee kennen. Sie bekamen Kleider verpaßt, wurden zu den deutschen «Tugenden» Pünktlichkeit, Ordentlichkeit, Sauberkeit und Fleiß erzogen. Nachdem ihre angestammte Tradition in Stücke geschlagen war, sollten sie durch Schule und Mission wieder «jemand» werden, Mädchen also «richtige» Frauen, Hausfrauen.

Mit welch unglaublichen Methoden die Missionare zuweilen versuchten, die Heidenfrauen und vor allem deren Sexualleben zu zähmen, erfahren wir exemplarisch bei Margarethe von Eckenbrecher. Sie berichtet aus Südwestafrika von einem besonderen Sonntagsbrauch: «Das Schönmachen bestand bei den jungen Mädchen des Ortes im Anlegen einer weißen Leinenbinde um die Stirn. Diese Binde stellte das Symbol der Keuschheit dar, es war von einem Missionar eingeführt. Ließ sich eine Jungfrau etwas zuschulden kommen, was öffentliches Ärgernis erregte, dann trat der Rat der Ouderlinge (Kirchenältesten) unter Vorsitz des Missionars zusammen. Den folgenden Sonntag wurde dann dem Mädchen vor den Augen der andächtigen, sittlich entrüsteten Gemeinde die weiße Binde von der Stirn genommen. Sie mußte Schule und Kirche fernbleiben, bis sie bereute, dazu hatte sie sechs Wochen Zeit. Die weiße Binde durfte sie niemals wieder tragen.»[30]

Die «Erziehung» der Frauen zu christlichen Hausfrauen wird in unzähligen Berichten von Missionarinnen geschildert. Wichtig war es am Anfang immer, ihre Nacktheit zu bekämpfen. Für Frau Missionar Wolff von der Berliner Mission wie für alle anderen war es «natürlich» ihre «erste Sorge», die Mächen, die zu ihr kamen, «zu kleiden und wenigstens den Versuch zu machen, Schamgefühl in ihnen zu wecken»[31]. Was da zertrampelt worden sein mag, können wir heute nur noch ahnen.

Nicht weniger tragisch war die Arbeit katholischer Ordensfrauen, und auch die weltlichen Schwestern im Dienste der kolonialen Heidenmission schneiden nicht viel besser ab. Johanna Wittum zum Beispiel, die mit dem Roten Kreuz in Kamerun und Togo tätig war und 1899 ein Buch über ihre Erfahrungen veröffentlichte, sagt über die Afrikaner von der Küste: «Gutmütig und fröhlich, dienstfertig und anstellig sind sie von Natur, aber auch träge und eitel, diebisch, gefräßig und trunksüchtig.»[32] Unter den Ewe fand sie Frauen, die sie «wegen ihrer Schönheit lange betrachtete» – eine der wenigen freundlichen Bemerkungen über afrikanische Frauen aus deutschem Frauenmund.

Die Krankenschwester Helene von Borke, die ab Mai 1889 im Dienst der Ostafrikanischen Missionsgesellschaft zuerst in Sansibar, dann in Bagamoyo arbeitete, wollte ursprünglich nach Italien. Aber da «jetzt deutsche Landsleute kämpfen und Hülfe dringend erwünscht ist», wird nicht vergebens an ihren Patriotismus appelliert. Sie pflegte nicht die

Kranken der ansässigen Bevölkerung, sondern die Angehörigen der «Wissmann-Truppe», die den Freiheitskrieg der ostafrikanischen Völker blutig niederschlug. Eindeutig ist ihre Haltung «dem Neger» gegenüber: «Er nimmt eine körperliche Züchtigung gar nicht so übel, wenn sie verdient ist, aber man darf ihm niemals unrecht thun, denn er besitzt sehr viel Gerechtigkeitsgefühl!»[33]

Um ihre Aufgaben zu erfüllen, brauchten die Missionsangehörigen eine starke Motivation. Frauen wie Männer schöpften diese aus jenem tragischen Konglomerat von christlichem Missions- und abendländischem Kultur-Sendungsbewußtsein, das seit den Tagen der Konquista die Menschen überseeischer Länder heimgesucht hatte. Die Missionarinnen mußten also von der Notwendigkeit der Umerziehung von Frauen anderer Völker zu «richtigen» Frauen überzeugt sein. Das setzt Sendungsbewußtsein voraus und die Überzeugung, sowohl von der Rechtmäßigkeit der eigenen Anwesenheit im fremden Land und der Richtigkeit und Überlegenheit der eigenen Werte und Eigenschaften als auch die Überzeugung von der Erziehungsbedürftigkeit, den mangelnden oder minderwertigen Qualitäten der «Erziehungsobjekte». Die Missionarinnen standen damit in einer Reihe mit Händlern, Farmern, Soldaten, Beamten. Nur ihre «Erziehungsmittel» waren andere. Der Missionarin Irle fließt die Rechtfertigung leicht aus der Feder: «Sind sie nun aber zu Knechten der Deutschen gemacht, so sind sie dafür frei geworden von der früheren beständigen Angst vor den Ahnen, Gespenstern und Zauberern, denn auch die Heiden glauben kaum noch, daß diese ihnen schaden können.»[34] Welcher Zynismus angesichts der Legionen von Engeln und Teufeln, der Sünden- und Höllenqualen, die sie ihnen statt dessen brachten!

Deutschnational allemal

Es bedurfte keineswegs der Herkunft aus altem Offiziersadel, um in den Kolonien den rechten deutschen Geist zu pflegen. Missionarinnen und Farmerinnen, Beamtengattinnen, Handwerkerfrauen und Krankenschwestern, Lehrerinnen und Hausangestellte waren sich dessen bewußt, daß sie nicht in ein x-beliebiges exotisches Land ausgereist waren, sondern in «unsere» Kolonien. «Deutschland braucht Kolonien», und «die deutschen Kolonien brauchen deutsche Frauen» – das war der allergemeinsamste Nenner, auf dem sie sich zusammenfanden, bei allen standesmäßigen und sonstigen Unterschieden und Widersprüchen. Die Palette des Ausdrucks dieser nationalen Gesinnung reichte vom «deutschen Schnittlauch» auf dem Butterbrot der Louise Diehl in Südwestafrika über der Diakonisse Hedwig Rohns leuchtendes Auge ob all der «deutschen Ordnung und deutschen Sauberkeit» in Lomé, Togo, bis hin zum Befürworten von Kolonialkriegen und Völkermord. Nicht nur die Soldaten und Offiziere rechtfertigten die eigenen Greueltaten. Die deutschen Frauen standen hinter ihnen, die Reihen dicht geschlossen. «…unsere braven Jungen hatten keine Verluste, aber ihre Gewehre räumten unter dem Gegner tüchtig auf, wir sahen jeden Mann fallen…» bezeugte Emma Dorn in ihren Erinnerungen an die «Zeit des großen Aufstandes»[35] der Herero und Nama in Südwestafrika. Daß dies nicht einfach das Nachbeten eines Männerideals ist, sondern sie als Frau voll und ganz dahintersteht, davon spricht die Wahl ihrer Worte eine deutliche Sprache: vom Aufräumen versteht die Siedlerin nämlich viel, Aufräumen ist Teil ihrer Identität als Hausfrau.

Befreiungskriege der Kolonialvölker deuteten sie um in ihren Ursachen, rechtfertigten die Vergewaltigung und Ausrottung der nach Freiheit strebenden Völker ebenso wie die Kasernierung und Versklavung der Überlebenden «zu unserem und ihrem eigenen Besten». Der verlorene Erste Weltkrieg, der den Verlust der Kolonien nach sich zog, wurde zum Trauma, die Revolution in Deutschland als Dolchstoß gegen die siegreichen Kolonialtruppen gesetzt und Lettow-Vorbeck als Befehlshaber der deutschen Ostafrika-Kolonialtruppe noch Jahre später zum unbesiegbaren Helden stilisiert.

Das Ende von «Deutsch-Ostafrika» ging ihnen an die Nieren. Gräfin Matuschka schildert die entscheidenden Tage in Daressalam: «Es war wohl am 11. oder 12. November, daß wir vom Ausbruch der Revolution, von der Abdankung des Kaisers und all den anderen schlimmen Dingen hörten, wir waren natürlich gänzlich überrascht und wollten und konnten es nicht glauben. Wir hielten es einfach für unmöglich. Wir hofften tagelang, daß es falsch und übertriebene Reuternachrichten wären. Wir glaubten, es sei eine List, um Lettow und die Truppe zur Übergabe zu bewegen. Aber alles Hoffen nützte nichts, die Nachrichten nahmen immer sicherere Formen an. Schrecklich war es, die Niederlage unter den Engländern zu erleben; man schämte sich, Deutsche zu sein. Ich ging die ersten Tage nicht aus dem Hause, der Triumph und Stolz der Engländer und Belgier war schwer zu ertragen...» [36]

In der Kolonie Südwestafrika löste die Mobilmachung vielerlei Geschäftigkeiten und eine seltene Einmütigkeit unter den Kolonialisten aus: «Die Gattin des Gouverneurs ging mit gutem Beispiel voran. Sie gab auch die Anregung zu Krankenkursen, in denen Ärzte und ausgebildete Schwestern Vorträge hielten und praktische Anweisungen gaben. Diese Kurse wurden von den meisten Damen besucht. Alle waren bereit zu helfen.» [37] Als dann die «fremde» Flagge über den ehemals deutschen Kolonien wehte, war es für die geknechteten Kolonialvölker die Flagge einer anderen Kolonialmacht, für die deutschen Frauen ein neues Aggressionsobjekt: «Das Straßenbild Windhuks war auch ein anderes geworden», schrieb Frau von Eckenbrecher. «Die weißen Menschen, die da gingen, hatten andere Gesichter, trugen andere Kleidung und Haartracht, sprachen andere Sprachen, über allen öffentlichen Gebäuden wehten andere Flaggen, fremd – fremd. Die Eingeborenen benahmen sich anders, was sie auch heute noch tun. Zur deutschen Zeit gingen sie nicht auf dem Fußweg, sondern an der Seite des Fahrweges und machten höflich Platz. Jetzt latschen sie in Gruppen nebeneinander auf dem Bürgersteig, sind oft recht albern, frech und laut. Wir müssen ihnen Platz machen. Der liebe schwarze Bruder hat Gleichberechtigung. Da balgen sich die schmutzigen Eingeborenenkinder und lümmeln sich an den Straßenecken und kreischen. Man geht um sie herum...» [38]

Doch geben sie sich so schnell nicht geschlagen, suchen jetzt nach Zeugen für die «gerechte» Zeit unter den Deutschen in den Reihen der Versklavten selbst und – fanden welche; hißten die deutsche Fahne gar bei jeder Geburt eines deutschen Kindes und ballten die deutsche Faust – zumindest in der Tasche. Und das so lange, bis sie sie streckten, frei erhoben zum neuen deutschen Gruß.

Die Frauen, die daheim im Reich den kolonialen Gedanken propagierten, standen ihren kolonialen Schwestern in nichts nach, was nationale Gefühle angeht. Mit ihrem Sprachrohr *Kolonie und Heimat* wollten die Frauen des «Frauenbundes der Deutschen Kolonialgesellschaft» vor allem den Kontakt zwischen Heimat und Kolonien festigen mit dem erklärten Ziel, «deutschen Familiengeist und deutscher Art und Sitte eine sichere Pflanz- und Pflegestätte zu bereiten und zu erhalten»[39]. Mit Werbevorträgen, Ausstellungen, Lichtbildervorträgen, Sammelaktionen, Stellenvermittlung, Beratung und Hilfe für auswanderungswillige Frauen oder gesellschaftlichen Ereignissen wie dem «Fünf-Uhr-Tee» im Nobel-Hotel «Adlon» in Berlin propagierten sie unermüdlich «den kolonialen Gedanken». Sie gehörten fast durchweg «besseren Kreisen» an. In allen Teilen des Deutschen Reiches gründeten sie «Abteilungen», von Berlin bis München, von Stettin bis Saarbrücken, aber auch in kleineren Städten wie Pforzheim, Hameln, Northeim, Witten, Glogau, Naumburg oder Lübeck. Ihre Familien hatten meist ein direktes Interesse an Erwerb und Erhalt von deutschen Kolonien. Selbst als die Kolonien längst verloren waren, machten sie unermüdlich weiter, standhafte Ewiggestrige. Ab 1925 erreichte die Zahl der Mitgliederinnen und Mitglieder neue Höhepunkte. Selbst der Machtantritt der Nationalsozialisten brachte für den kolonialen Frauenbund keine größere Veränderung. Im Gegenteil, der Übergang vollzog sich nahtlos. In seinem Jahresbericht 1933/34 stellte der Bund dazu fest: «Eine grundlegende Umstellung unserer Arbeit war nicht erforderlich.» Er konstatierte aber erfreut, daß der Bund für seine Aufgabe 1933/34 «ein viel größeres Verständnis in Deutschland gefunden (hat) als jemals zuvor». Und wie kam das? «Das verdanken wir einzig unserm Führer Adolf Hitler, der unserem Volk die Augen geöffnet hat über den Begriff der Volksgemeinschaft, die alle bewußt deutschen Menschen umfaßt, auch unsere Landsleute jenseits der Grenzen des deutschen Reiches...»[40] Der Frauenbund wurde dem nationalsozialistischen «Reichskolonialbund» angeschlossen; die Vorsitzende des kolonialen Frauenbundes, Agnes von Boemcken, arbeitete ab 1937 weiter als Herausgeberin der nun neuen kolonialen Frauenzeitschrift *Die Frau und die Kolonien*.

Komplizinnen – Kinder ihrer Zeit

Während die offenen Propagandistinnen überzeugte Anhängerinnen des deutschen Kolonialismus waren, waren andere eher unbewußt verstrickt in kolonialem und rassistischem Denken. Die *Frauen aus der frühen Frauenbewegung*, zum Beispiel, akzeptierten widerstandslos, daß sich auf ihren internationalen Kongressen Europäerinnen als «Vertreterinnen» anderer – der unterworfenen – Nationen präsentierten. Und sie fanden nichts dabei, zur Entspannung nach den hitzigen Strategiediskussionen gemeinsam sogenannte «Völkerschaustellungen» zu besuchen wie beispielsweise in Berlin 1896 die Kolonialausstellung, auf der neben Produkten auch Menschen aus den Kolonien ausgestellt waren, oder ein Jahr später auf dem Brüsseler Kongreß die «Kongoausstellung». Hagenbecks Völkerausstellungen waren ein allgemein akzeptiertes Vergnügungsangebot jener Zeit, das «stärkste Anziehungskraft auch auf die breiten Massen ausübte», wie zeitgenössische Zeitungen schrieben – also durchaus akzeptabel für die sonst so kritischen, aufmüpfigen Frauen.

Auch in der *Sprache* schlug sich kolonialistisches und rassistisches Denken nieder. Obwohl durch völkerkundliche und andere Kolonialwissenschaften die Eigennamen der unter europäischer Gewalt lebenden Völker durchaus bekannt waren, wurden die Menschen der Südsee im volkstümlichen Sprachgebrauch zu «Kanaken», die Südwestafrikas zu «Kaffern» oder «Hottentotten», immer gebraucht als Synonyme für Rückständigkeit, Dummheit, «Untermenschentum». – «Wir wollen keine Kaffern mehr sein», konnte deshalb die jüdische Dichterin Else Lasker-Schüler, die später selbst vor den rassistischen Nazis fliehen mußte, 1920 ungeniert ausrufen, als sie mit ihren Dichterkollegen wegen zu geringen Verzehrs aus ihrem Stammcafé hinausgeworfen wurde.[41] Relikte dieses Sprachgebrauchs haben sich bis in unsere Tage erhalten – die «Kanaken» unserer Zeit sind jetzt die türkischen MitbürgerInnen – ebenso wie die Gleichsetzung von schwarz und böse, schlecht und unheilvoll.

Kinder ihrer Zeit waren aber auch *sozialdemokratische Frauen*, darunter die ersten weiblichen Abgeordneten. Marie Juchacz, zum Beispiel, die zeitweise für die Schriftleitung der Frauenzeitung *Die*

Gleichheit verantwortlich war, stellte sich in ihrem Aufsatz «Friedens-vertrag und Kolonialarbeit» offen auf die Seite der Befürworter von deutschem Kolonialbesitz: «Auch in unseren Reihen», schrieb sie, «rang sich der Gedanke durch, daß ein Siebzig-Millionen-Volk mit starker industrieller Entwicklung Kolonien braucht...»[42] Und Clara Bohm-Schuch, eine ihrer Fraktionskolleginnen, lehnte zwar Kapitalis-mus und Imperialismus ab, aber nur, um ihrerseits die Sozialisten zu auserwählten «Kulturträgern» zu ernennen. Ein sozialistischer Staat konnte ihrer Meinung nach nicht auf Kolonialbesitz verzichten. «Der Sozialismus allein ist... auch berufen, die Kulturarbeit durchzuführen, die in fremden Erdteilen geleistet werden muß...»[43] Dies fand zu einer Zeit statt, in der Deutschland nach dem Ersten Weltkrieg seine Über-seeterritorien bereits verloren hatte. Mit dem Kolonialbesitz, so das vorherrschende Zeitgefühl, sollte das geschlagene Deutschland wieder in die Reihen der starken europäischen Staaten eingegliedert und das verletzte Nationalgefühl der Deutschen rehabilitiert werden.

Eine «radikale» Frau

In ihren Memoiren bringt uns Lida Gustava Heymann das Politikver-ständnis der «radikalen» Frauen näher, die sich im «Verband fort-schrittlicher Frauenvereine» zusammengeschlossen hatten. Dieses beschränkte sich keineswegs auf frauenspezifische oder deutsche The-men: «Zu allen politischen Tagesfragen wurde in breiter Öffentlichkeit Stellung genommen, mochte es sich nun um Gesetzgebung, um Erhö-hung von Kornzöllen, um Verteuerung anderer Lebensmittel wie durch Zuckerprämien, um Fleischeinfuhrverbot handeln oder 1901 beim Chinakonflikt um gewaltsame Schändung und sexuelle Mißhand-lung wehrloser Chinesinnen durch europäische Soldaten; oder um Elsaß-Lothringen, um Kolonial-, Finanz-, Steuerfragen und Fragen der inneren und äußeren Politik.»[44] Die europäische Einmischung in China brandmarkten die radikalen Frauen in aller Öffentlichkeit als einen «kulturwidrigen Beutezug» und eine «europäische Schmach».

Lida Gustava Heymanns Lebensweg beweist, daß auch Frauen der besitzenden Klasse sich sehr wohl für andere Werte entscheiden konnten, als dies die «Damen» der Koloniallobby taten. Sie war die klassische «höhere Tochter» einer sächsischen Adeligen, verheiratet mit einem um 30 Jahre älteren reichen Überseekaufmann, der sein großes Vermögen im Kaffeehandel erworben hatte. Trotzdem, als im Februar 1896 ihr Vater stirbt, Lida G. Heymann war 28 Jahre alt, widmete sie sich als reiche Erbin weder drohnenhaftem Nichtstun, noch fühlte sie sich dem Geldadel verpflichtet, dem sie eigentlich angehörte. Es drängte sie statt dessen «hinaus in die Freiheit zu nützlicher Betätigung»[45]. Ihre Arbeit: Bereitstellung eines kostenlosen Mittagstisches für bedürftige Frauen und Kinder, Einrichtung eines Kinderhorts mit Koedukation von Jungen und Mädchen und einer Beratungsstelle für Frauen. Sie lernte dabei, so gesteht sie in ihren Memoiren, daß «private soziale Fürsorge allein niemals die trostlosen Zustände beseitigen kann, in denen 80 und mehr Prozent aller Völker zu leben verdammt sind»[46]. (Wie «radikal» sie sich damit von der Mehrzahl der Sozialarbeiterinnen und Fürsorgerinnen unterschied, werden wir im Kapitel zum deutschen Faschismus sehen.) Ihre Schlußfolgerung daher: «Um die Masse der Frauen und der Arbeiter frei und wirtschaftlich unabhängig zu machen, bedarf es aber durchgreifender wirtschaftlicher und politischer Umgestaltungen, die in einem parlamentarisch organisierten Staate durch die politische Mitarbeit aller erwachsenen Männer und Frauen zu erreichen sind.»[47] Konsequent engagiert sie sich für das Frauenwahlrecht, als Mitglied in der «Internationalen Frauenliga für Frieden und Freiheit» (IFFF) gegen Gewalt und Kriege und für soziale Gerechtigkeit.

Als nach dem Ersten Weltkrieg und dem Verlust der Kolonien die Reichsregierung durch eine Hintertür – den Eintritt in den Völkerbund 1926 – sich wieder Kolonialmandate erschleichen wollte, war es der deutsche Zweig der IFFF, der zum Gegenangriff blies. In den vielen Hunderttausenden ihrer Flugblätter hieß es: «Weder Kolonien noch Mandate!»[48]

Lida Gustava Heymann starb 1943 in Zürich im Exil. Gemeinsam mit ihrer Freundin und Weggefährtin Dr. Anita Augspurg befand sie sich auf einer Mittelmeerreise, als Hitler und die Nationalsozialisten die Macht übernahmen. «Als Kämpferinnen für Frieden und Freiheit hatten sie Hitler und den Nationalsozialismus bekämpft; bereits im November 1923 standen sie im Falle eines ‹siegreichen› Putsches an der Spitze der Liste der zu liquidierenden Personen.»[49]

Abschied von den Heldinnen

Doch Vorsicht, verfallen wir nicht in den alten Fehler, uns neue «Heldinnen» zu suchen. Zu leicht gerät man dabei in die Gefahr, mutige, mutmachende Frauen nicht in ihrer Widersprüchlichkeit zu sehen. Der Wunsch, sich mit ihnen zu identifizieren, verleitet dazu, ein Auge zuzudrücken über Ungereimtheiten, Zweifel zu ihren Gunsten zu interpretieren. Wozu das führen kann, haben wir an den beiden Beispielen zu Beginn der «Nestbeschmutzung» gesehen. So will und darf ich – wenigstens andeutungsweise – auch Zweifel und Fragen nicht verschweigen, welche die Memoiren der Lida G. Heymann in mir ausgelöst haben.

Dazu gehört ihr reichlich idealistischer, biologistischer Glaube an das «weibliche Wesen», den «weiblichen Instinkt», ihrer Meinung nach «identisch mit Pazifismus»[50]. Dazu gehört auch ihre einseitige Darstellung der bayrischen Politikerin Ellen Amman, Abgeordnete der bayerischen Volkspartei im Münchner Landtag. Während am 8. November 1923 Hitler und seine Nationalsozialisten im Münchner Bürgerbräukeller Reden hielten und den «Marsch auf Berlin» vorbereiteten, sorgte sie dafür, daß gefährdete Personen München verlassen und in Sicherheit gebracht werden konnten.[51] Auch Anita Augspurg und Lida G. Heymann wurden von Ellen Ammann gewarnt. In dem Buch «Farbe bekennen», in dem afro-deutsche Frauen ihrer Geschichte nachspüren[52], wird nun eine andere Ellen Amman präsentiert. Als im Landtag die Sexualdelikte schwarzer Soldaten, Teil der französischen «Rheinarmee», diskutiert werden, verwies Ellen Ammann auf Amerika als «löbliches Beispiel, ‹wo ein Neger gelyncht werde, wenn er sich an einer weißen Frau vergangen habe…›»[53]. Da *muß* ich doch die Frage stellen, hat Heymann, die immerhin von ihrer «langjährigen Bekanntschaft mit dieser Frau» spricht[54], diese Einstellung Ellen Ammanns nicht gekannt – oder nicht zur Kenntnis genommen, nicht zur Kenntnis nehmen wollen?

Anmerkungen

1 Der Südwest Bote Nr. 42 v. 6.4.1913

2 Ada Cramer: Weiß oder Schwarz, Lehr- und Leidensjahre eines Farmers in Südwest im Lichte des Rassenhasses, Berlin o. J. (1913), S. 29

3 A.a.O., S. 30

4 Alle Prozeßzitate aus dem Südwest Boten

5 Ada Cramer, a.a.O., S. 119

6 Magdalene Prince: Eine deutsche Frau im Innern Deutsch-Ostafrikas, 2. Aufl. Berlin 1905, S. 5

7 Hans Jenny: Südwestafrika. Land zwischen den Extremen; Stuttgart und Berlin 1966, S. 66

8 Clara Brockmann: Die deutsche Frau in Südwestafrika. Ein Beitrag zur Frauenfrage in unseren Kolonien. Berlin 1910, S. 22

9 Kolonie und Heimat III. Jg. Nr. 25

10 Clara Brockmann: Briefe eines deutschen Mädchens aus Südwest. Berlin 1912, S. 193

11 Erika Busse-Lange: Afrikanisches Pflanzerleben. Aus den Briefen einer deutschen Pflanzersfrau in Deutsch-Ostafrika, Berlin und Leipzig 1935, S. 10

12 E. F. Katiti: Von meinen Hottentotten und Kaffern. Aus den Erinnerungen einer alten Afrikanerin; in: Die Frau und die Kolonien; Heft 5/1937, S. 73

13 Margarete von Eckenbrecher, a.a.O., S. 48 f

14 Dies. a.a.O., S. 53

15 Maria Karow: Wo sonst der Fuß des Kriegers trat. Farmerleben in Südwest nach dem Kriege; Berlin 1911, S. 139

16 Helene von Falkenhausen: Ansiedlerschicksale. Elf Jahre in Deutsch-Südwestafrika 1893–1904, Berlin 1905, S. 122

17 All Deutschland. Ein illustriertes deutsches Familienblatt Nr. 25/1894

18 Leonore Nießen-Deiters: Die deutsche Frau im Auslande und in den Schutzgebieten; Berlin 1913, S. 70

19 Emmy Richter: Die deutsche Hausfrau in den Kolonien. Aus meiner Afrikazeit, in: Kolonie und Heimat, I. Jg. Nr. 10, S. 12

20 Paula Karsten: Wer ist mein Nächster? Negertypen aus Deutschwestafrika, Berlin 1903, S. XXX

21 Magdalene Prince, a.a.O., S. 60

22 Sofie von Uhde: Deutsche unterm Kreuz des Südens, Berlin 1934, S. 149

23 Joachim Graf Pfeil: Studien und Beobachtungen aus der Südsee, Braunschweig 1899, S. 240

24 Leonore Nießen-Deiters: Die deutsche Frau im Auslande und in den Schutzgebieten, Berlin 1913, S. 24 f

25 Zitiert bei L. de Vries: Sending en Kolonialisme in Suidwes-Afrika; Brüssel 1971, S. 169 nach: entwicklungspolitische Korrespondenz, 8. Jg. Heft 5/6, Hamburg 1977, S. 22

26 Zit. bei Helmut Bley: Kolonialherrschaft und Sozialstruktur in Deutsch-Südwestafrika 1894–1914, Hamburg 1968, S. 247

27 Gerhard Heyde: 50 Jahre unter Tibetern. Lebensbild des Wilhelm und der Maria Heyde; Herrnhut 1921, S. 41

28 A. a. O., S. 45

29 Aenne Trey: Tausend Kilometer im Ochsenwagen durch Südwestafrika, Bremen 1926, S. 15

30 Margarethe von Eckenbrecher: Was Afrika mir gab und nahm; 1. Erlebnisse einer deutschen Frau in Südwestafrika 1902–1936, Berlin 1940, S. 48 f

31 Frau Missionar Wolff: Die Nähschule auf Tandala, in: Der Njassa-Bote, 5. Jg., Nr. 3, Juli 1909

32 Johanna Wittum: Unterm Roten Kreuz in Kamerun und Togo, Heidelberg 1899, S. 44

33 Helene von Borke: Ostafrikanische Erinnerungen einer freiwilligen Krankenpflegerin, Berlin 1892, S. 34

34 Hedwig Irle: Unsere schwarzen Landsleute in Deutsch-Südwestafrika, Gütersloh 1911, S. 56 f

35 Emma Dorn: Frauenschicksale in Südwest zur Zeit des großen Aufstandes, in: Kolonie und Heimat, VI. Jg. Nr. 36 und 37

36 Maria Gräfin Matuschka: Meine Erinnerungen aus Deutsch-Ostafrika, Leipzig 1923, S. 123

37 Margarethe von Eckenbrecher, a. a. O., S. 171 f

38 A. a. O., S. 215

39 Anne Maag: Einrichtung von Lesemappen und Büchereien in Südwestafrika, in: Jahresberichte, Frauenbund der Deutschen Kolonialgesellschaft Berlin 1930, S. 19

40 Jahresbericht 1933–34, Frauenbund der Deutschen Kolonialgesellschaft, S. 7

41 Else Lasker-Schüler: Der grüne Heinrich, Berlin 1920, S. 91

42 Marie Juchacz: Friedensvertrag und Kolonialarbeit; in: Alfred Mansfeld (Hg.): Sozialdemokratie und Kolonien, Berlin 1919, S. 60

43 Clara Bohm-Schuch: Soll Deutschland vom Kolonialbesitz ausgeschlossen werden? in: A. Mansfeld, a. a. O., S. 61 f

44 Lida G. Heymann: Erlebtes – Erschautes. Deutsche Frauen kämpfen für Freiheit, Recht und Frieden; Meisenheim am Glan 1977, S. 94

45 Heymann, a. a. O., S. 38

46 A. a. O., S. 59

47 A. a. O., S. 59

48 A. a. O., S. 199

49 A. a. O., Vorwort von Margit Twellmann

50 Zitiert in: «Frauen gegen den Krieg», hg. v. Gisela Brinker-Gabler, Frankfurt 1980, S. 14

51 Heymann, a. a. O., S. 208

52 Farbe bekennen, Afro-deutsche Frauen auf den Spuren ihrer Geschichte, hrsg. von Katharina Oguntoye, May Opitz, Dagmar Schultz, Berlin 1986

53 A. a. O., S. 50

54 Heymann, a. a. O., S. 208

Dulden – Hinschauen – Mitmachen:
Komplizinnen im deutschen Faschismus

Die Suche nach den Komplizinnen des deutschen Faschismus ist für mich ein schmerzvoller Prozeß. Faschismus, das ist keine historische Epoche wie jede andere. Diskussionen über den Faschismus. Immer wieder. Warum? Weil diese Vergangenheit «nicht tot, nicht einmal vergangen (ist)»[1].

Bundesrepublik Deutschland im Jahr 1975, mehr als eine Generation später, der «Majdanek-Prozeß». Angeklagt sind die, die diese Vernichtungsmaschine in Gang hielten, darunter auch sechs Frauen. Die Journalistin Peggy Parnass berichtet von Begegnungen am Rande:

«Die Pause nutze ich zu einem Gespräch mit den Hausfrauen. Eine ist rotzfrech, die anderen haben eine Engelsgeduld mit mir. ‹Gaskammern hat es nie gegeben. Das können wir bezeugen. Die haben die Amis nach dem Krieg da hingebaut. Und die Fotos von Leichenbergen: Das sind alles Tote nach den Bomben auf Dresden. Da wurde niemand umgebracht. Die haben endlich gearbeitet und Essen gekriegt.›

Dreimal wende ich auf deren ‹Sie wissen ja nicht Bescheid› ein: ‹Ich weiß Bescheid, verstehen Sie doch! Allein mütterlicherseits sind 23 Verwandte umgebracht worden in KZs! Warum begreifen Sie das nicht mal?›

‹Dann waren die wohl krank.›

‹Einige Täter haben doch in Prozessen zugegeben, was sie getan haben!›

‹Das war nur unter Druck. Die leben doch alle, die Juden! Der Jude Kogon, der Blumenfeld, gut leben die. Die größten Verbrechen waren die Nürnberger Prozesse. Von Vietnam und der Bombe auf Japan spricht keiner!›

Zu einer deutschen Freundin, die mir beistehen will, sagen die Wohlinformierten: ‹Hören Sie doch auf, Sie wollen doch nur stänkern!›

Ich: ‹Was wurde denn da verbrannt?›

‹Na die, die Typhus hatten! Die wurden verbrannt.›

Mit gesenkter Stimme, ganz intim, teilte sie mir mit: ‹Die sind an ihrem eigenen Dreck gestorben. Die Juden sind doch zu faul, um sich zu waschen, sogar zu faul, um aufs Klo zu gehen. Lieber machen die unter sich. Davon haben die dann Typhus gekriegt und sind gestorben.› Die anderen Frauen nicken bekräftigend...

Eine andere (Frau): ‹Ich habe so viele Juden gekannt, weil wir einen Laden hatten. Da sagte 'ne Jüdin selbst: Die haben viel zu wenig fiese Ostjuden vergast!›»[2]

Aber auch die, die nicht immer noch verherrlichen, entschuldigen, verharmlosen, auch die haben Probleme, mit diesem dunklen Kapitel unserer Geschichte umzugehen – auch Frauen.

Lange Jahre waren sie überhaupt kein Thema, die Frauen im Faschismus, dann waren zunächst die Frauen im Widerstand Objekt der historischen Betrachtung, und spät, sehr spät erst – seit Ende der siebziger, Anfang der achtziger Jahre, werden langsam auch die Komplizinnen des Faschismus ans Licht gezerrt. Die Massenmedien nehmen von diesem differenzierten Prozeß kaum Notiz. In den Diskussionen und Beiträgen zum fünfzigsten Jahrestag des Beginns des Zweiten Weltkriegs wuchert die Haupttäterthese im Mediendschungel, die meisten Kommentare stürzen sich auf den Hitler-Stalin-Pakt und die geheimen Zusatzprotokolle – ein gefundenes Fressen, um davon abzulenken, daß da ein Volk war – und ist –, das es nach seiner Verantwortung zu fragen gilt.

Ich versuche zu verstehen, taste mich vorwärts, von außen nach innen.

Zahlen und Daten

Oktober 1929 Börsenkrach und Beginn der Weltwirtschaftskrise. Ende 1930 gibt es im Deutschen Reich 22,7 Prozent Arbeitslose, das sind 4,4 Millionen Menschen, 1928 waren es noch 9,7 Prozent, 1931 werden es 34,7 Prozent sein – und das sind nur die Zahlen derer, die sich in den Arbeitsämtern registrieren ließen.

Bei den Reichstagswahlen vom 14. September 1930 steigen die Mandate der NSDAP von 12 auf 107, im Juli 1932 sind es bereits 230, die bei erneuten Wahlen im November 1932 aber auf 196 zurückgehen. Bei den letzten freien Reichstagswahlen vom 5. März 1933 erringen die Nationalsozialisten 288 Sitze; die anderen Parteien: SPD 120, KPD 81, DNVP 53, Zentrum 73, BVP 19.

Am 30. 1. 1933 hatte Hindenburg Hitler mit der Regierungsbildung beauftragt. Dies war die sogenannte «Machtergreifung», aber könnte man nicht ebenso von einer «Machtübertragung» sprechen? Hitler war hoffähig geworden. Noch sechs Monate zuvor, bei den Wahlen im Juli 1932, hatte Hindenburg Hitler als Kanzlerkandidaten abgelehnt. Als Hindenburg im August 1934 stirbt, wird Hitler auch Staatsoberhaupt und wird darin in einer Volksabstimmung vom 19. August 1934 mit 90 Prozent der abgegebenen Stimmen bestätigt. Das ist überwältigend, selbst wenn diese Volksabstimmung keine freie mehr und die Wahlbeteiligung geringer war.[3] Immerhin gab es 38 Millionen Ja-Stimmen und nur 4 Millionen Nein-Stimmen.[4]

Angesichts dieser Zahlen ist es für mich unerheblich, ob bei der Wahl von 1932 «ein geringer, aber konsistenter Unterschied von zwei Prozent weniger Frauen- als Männerstimmen für Hitler»[5] abgegeben wurden oder nicht. So argumentieren wir uns in Sackgassen.

Ausgrenzung und Lagerdenken – verhängnisvolle Traditionen

Keine der historischen Epochen der von Menschen gemachten Geschichte kommt aus dem Nichts, als unabwendbares «Schicksal». Es gibt Hinweise, Zeichen, ja sogar Inszenierungen, die wie «Generalproben» anmuten und in der nachträglichen Geschichtsbetrachtung gespenstische Parallelen und Kontinuitäten erkennen lassen. Die *Rassenpolitik* in den deutschen Kolonien war so eine – Paßmarken, Eingeborenenräte und Gettos für die Afrikaner in Deutsch-Südwestafrika und nur eine Generation später Judensterne, Judenräte und Judengettos; dazu gehört auch die *Gewöhnung an Blut und Tote, deren Zahl in die Zigtausende ging* – im Vorfeld des Faschismus waren das die Vernichtung des Volkes der Herero im «Schutzgebiet» Deutsch-Südwest, die Greuel europäischer Soldateska in China 1900/01, der Erste Weltkrieg, das Massaker am Volk der Armenier. Auch *Judenverfolgung* hat eine lange Tradition in deutschen Landen. Während, zum Beispiel, in Frankfurt die Nationalversammlung in der Paulskirche tagte, wurden in Hessen die Synagogen verwüstet und Juden mit Hepp-Hepp-Gejohle durch die Straßen getrieben. Aber die Vorfälle lagen weit zurück oder geschahen in fernen Ländern; es gab neue Probleme, über denen die alten vergessen und verdrängt wurden. Und – *Geschichte wiederholt sich nicht einfach*. Es ist deshalb ungleich schwieriger, Tendenzen in der erlebten Gegenwart zu erkennen. Da bedarf es schon eines scharfen Auges, eines historisch geschulten Blicks, eines geübten Mißtrauens, einer nicht nachlassenden Aufmerksamkeit und – einer ungeteilten Betroffenheit. Gerade letzteres hat unübertroffen eindringlich der evangelische Pastor Niemöller, selbst Nazi-Verfolgter, formuliert. Es kann nicht oft genug wiederholt werden: «Als die Nazis die Kommunisten holten, da habe ich geschwiegen; ich war ja kein Kommunist. Als sie die Sozialdemokraten einsperrten, habe ich geschwiegen; ich war ja kein Sozialdemokrat. Als sie die Katholiken holten, habe ich nicht protestiert; ich war ja kein Katholik. Als sie mich holten, gab es keinen mehr, der protestieren konnte.»

Ein Todfeind solidarischer Betroffenheit ist Lagerdenken, Ausgrenzung. Die haben Deutsche, auch deutsche Frauen, in ihrer Geschichte oft genug betrieben. Sie hatten nur einen sehr kleinen gemeinsamen Nenner, die verschiedenen Gruppierungen der Frauenbewegung – das Ziel, die Lage der Frauen in Deutschland zu verbessern. Wie, wodurch und wie weit dies geschehen sollte, darüber herrschte Uneinigkeit, die zum Teil erbittert ausgetragen wurde. Die Frauen polemisierten gegeneinander, oft und heftig: «radikale» gegen «gemäßigte», «christliche» gegen «nihilistische», «konservative» gegen «emanzipierte», «proletarische» gegen «bürgerliche». Die großen Gräben verliefen zwischen der «bürgerlichen» und der «proletarischen» Frauenbewegung, zwischen Frauen, die in der Sozialdemokratie organisiert waren, und unabhängigen Frauen. Neben den Frauen, die diesen Bruch herbeigeführt und gewollt haben, gab es auf beiden Seiten auch Frauen, die diese Trennung nicht akzeptierten, auf eine Vereinigung hinarbeiteten oder doch zumindest gemeinsame Aktionen befürworteten. Doch gelang es ihnen nicht, dem starken Ausgrenzungssog beider Lager entgegenzuwirken.

Das führte am Ende dazu, daß die «proletarische» Frauenbewegung, die sich ohnehin hauptsächlich an die Ehefrauen der bereits agitierten sozialdemokratischen Arbeiter wandte, sich an der Politik der Männer orientierte und mit dieser stand und fiel, die «bürgerliche» Frauenbewegung immer mehr ins rechte Fahrwasser abdriftete und die «radikalen» Frauen isoliert wurden. Eine besondere Rolle kam bei dieser Entwicklung dem autoritären Staat zu, dessen trauriges Verdienst es war, radikalere Ansätze von Frauenpolitik im Keim erstickt zu haben, und dem es dabei immer auch gelang, Frauen als Komplizinnen auf seine Seite zu ziehen – und sei es «nur» als Pflichtbewußte, Obrigkeitshörige, Furchtsame oder schweigende Dulderinnen.

Eine verhängnisvolle Tradition innerhalb der Frauenbewegung, diese Ausgrenzungen, dieses Lagerdenken. Der Mangel an Solidarisierung mit den Bedrängten und Verfolgten, Autoritätsgläubigkeit und Feindbilddenken im Faschismus hat damit sicher eine Menge zu tun. Und noch ein Bruch ging durch die Reihen der deutschen Frauen, und der betraf die Frage nach Frieden oder Krieg.

Vaterländische und Friedensfrauen

Auf dem ersten Weltfriedenskongreß, der gleichzeitig mit der Weltausstellung in Paris im Jahre 1889 stattfand, glänzten die Deutschen durch Abwesenheit. Das politische Klima im Lande war einer Diskussion um den Frieden nicht gerade förderlich. Dies sollte sich durch die Veröffentlichung eines Buches ändern. «Die Waffen nieder», der Anti-Kriegs-Roman der österreichischen Offizierstochter Bertha von Suttner, in 27 Sprachen übersetzt, gewann der internationalen Friedensbewegung auch in Deutschland Freundinnen und Freunde. 1899 war in Den Haag auf Anregung des russischen Zaren die erste internationale Friedenskonferenz zur Rüstungsbegrenzung angesetzt. Da ergriff eine andere Frau die Initiative: Maria Lenore Selenka aus München richtete einen Appell an die Frauen der Welt, sich für den Frieden einzusetzen. Auf diese Initiative hin hielten Frauen in 19 Ländern Europas, Amerikas und Asiens zwischen dem 13. und 16. Mai 1899 insgesamt 565 öffentliche Versammlungen ab. In ihren Resolutionen hieß es, daß bei Streitigkeiten zwischen den Völkern die Anwendung der Gewalt der Anwendung des Rechtes weichen müsse. Selenka und von Suttner überreichen dem Präsidenten der ersten internationalen Friedenskonferenz in Den Haag am 22. Mai 1899 diese Forderungen der Frauen.

Diese Ereignisse geschahen am Vorabend des britischen Krieges gegen die Buren in Südafrika und kurz vor der Niederschlagung des Boxeraufstandes in China. Und der «Bund Deutscher Frauenvereine» hatte sich 1899/1900 unbeeindruckt von den Friedensbewegungen auf den Weg in Richtung «Gott–Kaiser–Vaterland» gemacht: Er unterstützte das ehrgeizige wilhelminische Flottenbauprogramm, also Aufrüstung. Dies war weder eine spektakuläre Kehrtwende noch eine Entwicklung aus heiterem Himmel, denn vaterländische Frauenvereine hatten in Deutschland eine eigene Tradition. Bereits 1817 waren in Weimar ein «Patriotisches Institut der Frauenvereine» und in Württemberg eine «Zentralleitung für Wohltätigkeit» entstanden. Danach erfolgten 1866 die Gründung des «Vaterländischen Frauenvereins» in Preußen, 1867 des «Alice-Frauenvereins» in Hessen und des «Albert-Vereins» in Sachsen sowie 1869 des «Bayerischen Frauenvereins vom Roten Kreuz». 1871, nach der bestandenen «Feuerprobe» im Deutsch-Französischen Krieg, schlossen sich die vaterländischen Frauen im «Verband der deutschen vaterländischen Frauenvereine» zusammen. Im Frieden wollten die vaterländischen Frauen vor allem «für die Förderung und Hebung der Krankenpflege Sorge tragen» und in Kriegszeiten Lazarettdienste übernehmen. Der «Vaterländische Frauenverein» war straff organisiert und gehorsam ausgerichtet auf den Dienst am Vaterland, also in keiner Weise ein emanzipatorischer Bestandteil der deutschen Frauenwelt. Für eine Friedensdiskussion waren diese Frauen nicht zu haben. Auch *Die Frau*, Monatszeitschrift des «Bundes Deutscher Frauenvereine», beteiligte sich nicht an der Friedensdiskussion. Obwohl internationale Friedensarbeit seit 1898 – zumindest in der Satzung – Teil des Programms war, veröffentlichte die Zeitschrift bis 1914 lediglich einen einzigen Artikel zu diesem Thema. Auch der ein Jahr zuvor erfolgte Beitritt zum «Internationalen Frauenbund», der sich die Verbreitung und Förderung der Idee des Friedens als wichtigste Aufgabe gestellt hatte, löste keine Impulse in dieser Richtung aus.

Die Friedensdiskussion der deutschen Frauen wurde also in den Zeitungen der radikalen Frauen geführt, verstärkt durch die Frauen-Friedensfront der Sozialdemokratinnen mit Rosa Luxemburg, Clara Zetkin und Luise Zietz an der Spitze. Doch die Zustimmung der sozialdemokratischen Fraktion zu den Kriegskrediten und die geforderte innerparteiliche Loyalität machten ihnen diese Haltung zunehmend schwerer. Clara Zetkin und Rosa Luxemburg schlossen sich der zunächst parteiinternen oppositionellen Gruppe an, andere Sozialdemokratinnen übten Parteidisziplin und organisierten wie die bürgerlichen Frauen einen vaterländischen sozialen Hilfsdienst.

Der Weltkrieg von 1914 traf auf eine breite, jubelnde Kriegsbegeisterung – auch im «Bund Deutscher Frauenvereine», der nämlich segelte bereits voll auf vaterländischem Kurs. Er hatte damals ungefähr eine halbe Million Mitgliederinnen. Der Bund rief einen «Nationalen Dienst» ins Leben, in dem Tausende Frauen, darunter viele arbeitslose Arbeiterinnen im Dienst für die «Verteidigung des Vaterlandes» organisiert waren. Frauen erhofften sich vom Krieg eine Gelegenheit, «wirtschaftliche Selbständigkeit und geistige Unabhängigkeit der Frauenwelt» zu erlangen. So schrieb zum Beispiel Adele Schreiber: «Wenn eine Großmacht heute Krieg führt, fällt den Frauen des Landes die bedeutsame Aufgabe zu, nicht nur jenen Teil der Kriegshilfe zu leisten, der schon längst Frauengebiet ist, die Pflege von Verwundeten und Kranken, Hilfe bei Verpflegung und Einquartierung zu übernehmen, sondern überall dort, wo Männerkräfte ihrer gewohnten Tätigkeit entzogen sind, in die Bresche zu springen.»[6]

Unter Berufung auf die «nationale Verpflichtung der deutschen Frauenbewegung» lehnte der «Bund Deutscher Frauenvereine» eine Teilnahme am «Internationalen Frauen-Friedens-Kongreß» von 1915 in Den Haag ab, der sich gegen den Krieg und für die Beendigung des Blutvergießens aussprach und von Sympathiekundgebungen des «Internationalen Kongresses sozialistischer Frauen» in Bern unterstützt wurde. Als Anita Augspurg 1918 Mitbegründerin der «Internationalen Frauenliga für Frieden und Freiheit» wurde, griff die Vorsitzende des Bundes, Gertrud Bäumer, sie wegen «vaterlandsloser Gesinnung» scharf an – nicht nur eine Bäumersche Marotte, sondern die ersten Vorboten eines schon keimenden «Volksempfindens».

Ich kann sie nicht vergessen, die Bilder von begeisterten Massen, Männer und Frauen, die dem «Führer» zujubeln. Warum jubeln sie?

Bei den «völkischen» Frauen mit ihrer verhängnisvollen Tradition ist das beinahe so etwas wie «vorprogrammiert». Diese zutiefst emanzipationsfeindlichen Frauen fanden sich in den dreißiger Jahren in folgenden Organisationen zusammen: im «Ring Nationaler Frauen», dem «Stahlhelm-Frauenbund», den Frauengruppen des «Alldeutschen Verbandes», des «Deutschen Offiziersbundes», dem «Deutschen Frauenkampfbund», dem «Deutschen Frauenorden» und ab Oktober 1931 in der «Nationalsozialistischen Frauenschaft». Viele dieser Gruppen wurden entlang den entsprechenden Männerorganisationen geschaffen, die Hitler und die Nationalsozialisten unterstützten oder zumindest für deren Botschaften und Ideologien empfänglich waren. Keine Frage, daß sie bei der Machtübernahme jubelten.[7]

Aber die anderen Frauen? Wie, so frage ich mich, mögen sie diese Zeit erlebt haben? Welche Ereignisse haben sie wahrgenommen? Welche waren wichtig für sie? Welche waren entscheidend für ihr Verhalten und Handeln?

Zwischen Konservatismus, Opportunismus und Parteidisziplin – die traditionellen Frauenorganisationen

Konservativ und separatistisch waren die organisierten *katholischen Frauen* eigentlich schon immer. Sie wollten für sich bleiben, hatten nie mit dem BDF, dem Bund Deutscher Frauen, gemeinsame Sache gemacht. Allerdings lehnten sie bis 1933 Hitlers Rassenvorteile, Religionsverachtung und Frauenfeindlichkeit ab. Als gewissenhafte, gehorsame Katholikinnen gewohnt, in der klerikalen Ordnung an unterster Stelle zu stehen, war sicher die Aufhebung der Verbote gegen die NSDAP durch die katholischen Bischöfe vom März 1933 wichtig und dann vor allem das Konkordat zwischen Papst und Hitler-Regierung. Als endlich der Papst seine Enzyklika «Mit brennender Sorge» veröffentlichte, schrieb man bereits das Jahr 1937, die Weichen waren gestellt – und nichts wurde dadurch mehr verhindert. Im Reich hatten sich die

katholischen Bischöfe erst dann erschreckt, als es den Konfessions-
schulen an den Kragen ging. Die katholischen Frauen verhielten sich
ähnlich. Anfangs versuchten sie noch, ihre Selbständigkeit zu erhalten,
indem sie sich an Projekten der NS-Frauenschaft beteiligten.

Ähnlich zweischneidig war die Situation für die *protestantischen
Frauen.* Zwar wurde ein «Reichsbischof» bestellt, der im Dezember
1933 die Evangelische Jugend «geschlossen» in die HJ überführte, aber
andererseits wurde schon im September 1933 der oppositionelle evangelische «Pfarrer-Notbund» gegründet. Trotzdem waren die organisierten Protestantinnen «hocherfreut über die nationalsozialistische
Machtübernahme»[8]. Jüdische Mitgliederinnen mußten austreten, und
Agnes von Grone, Führerin von mehr als zwei Millionen Protestantinnen, distanzierte sich von jeder Verbindung zur «Bekennenden Kirche». Damit stellten sie sich auf die Seite jener evangelischen Bischöfe,
die am 27. 1. 1934 ein Treuebekenntnis zu Hitler abgelegt hatten. Um
diese Haltung besser zu verstehen, ist es wichtig zu wissen, wie konservativ und opportunistisch die Führung dieser Gruppierung dachte und
handelte, lange bevor die Nazis die Macht im Reich hatten. 1908 schloß
sich der Deutsch-Evangelische Frauenbund dem BDF an, trat aber
1918 demonstrativ wieder aus, nachdem der BDF das politische
Frauenstimmrecht gefordert hatte. Die langjährige Vorsitzende, Paula
Müller-Otfried, hielt dies freilich nicht davon ab, sich des Wahlrechts
zu bedienen und 1920 als Abgeordnete der Deutsch-Nationalen Volkspartei, DNVP, in den Reichstag einzuziehen. Hätte man von solchen
Frauen wirklich Widerstand gegen Nationalsozialismus und Faschismus erwarten können?

Beide konfessionell organisierten Gruppen waren im Grunde nur
daran interessiert, die eigene Haut zu retten, sich einen eigenen «Le-
bensraum» zu bewahren.[9] Sie haben sich beide nie gegen den Antise-
mitismus ausgesprochen. Doch trotz ihrer Bereitschaft zur Zusammenarbeit mit dem NS-Staat mußten sie bereits 1934/35 erkennen, daß
«der Staat darauf aus war, den letzten Rest ihrer Integrität zu vernichten»[10]. Ihre Anbiederung hatte ihnen letztendlich nichts gebracht.

Über das Versagen der beiden großen Linksparteien, den Faschismus
zu verhindern, ist viel geschrieben und diskutiert worden. Die *Mitgliederinnen von KPD und SPD* mußten spätestens seit der Verfolgung

ihrer Organisationen begriffen haben, wohin die Reise geht; ebenso die Gewerkschafterinnen seit der Zerschlagung ihrer Organisationen und der Gründung und Einsetzung der Deutschen Arbeitsfront (DAF) und der Nationalsozialistischen Betriebsorganisationen (NSBO). Da diese Frauen aber im großen und ganzen der jeweiligen Parteilinie gefolgt waren, hatten sie wie diese und mit diesen die Chance verpaßt, rechtzeitig zu handeln. Sie mußten bitter dafür bezahlen, viele von ihnen mit Gefängnis, Folter, KZ und Tod.

Und die rund 750000 im *Bund Deutscher Frauen (BDF)* Organisierten? Am 27. April 1933 erhielt der «Badische Verband für Frauenbestrebungen» von der NS-Frauenführerin Gertrud Scholtz-Klink einen Brief, in dem ihm seine Auflösung und die Beschlagnahme seiner eventuellen Vermögenswerte mitgeteilt wurde. Es war abzusehen, daß sich gleiches bald im ganzen Reich ereignen würde. Tatsächlich erhielt der BDF nur kurze Zeit später von Lydia Gottschewski, der Reichsfrauenführerin der NS-Frauenschaft, die Aufforderung, sich in die Deutsche (nationalsozialistische) Frauenfront einzureihen. Dies war ein Ultimatum, der BDF hatte vier Tage Zeit, sich zu entscheiden. Am 15. Mai 1933 beschloß der Gesamtvorstand des BDF deshalb mit einer Gegenstimme die Auflösung des BDF.[11] Hätten sie – abgesehen von ihrem Potential und Willen dazu – eine Chance zum Widerstand als Organisation gehabt? Es wurden doch auch die politischen Parteien verboten (die SPD nur wenig später, am 22. Juni 1933), und alle anderen Parteien lösten sich zwischen dem 27. Juni und dem 5. Juli 1933 auf. Im Grunde war es 1933 schon zu spät, das faschistische System zu verhindern. Die Lawine – sorgfältig vorbereitet und in ihren Anfängen keinem wirksamen Widerstand ausgesetzt – war ins Rollen gekommen.

Deutsche Mädel, Hausfrauen und Mütter für den Führer – nationalsozialistische Frauenorganisationen

Die Nationalsozialisten hatten von Anfang an nie ein Hehl gemacht aus ihrem reaktionären Frauenbild und der Rolle und Stellung, die sie den Frauen zuwiesen: Vorherrschaft des Mannes und Begrenzung des weiblichen Lebensbereiches auf Kinder und Küche. Dementsprechend wurden in den Jahren 1933 bis 1937 Frauen als «Doppelverdienerinnen» und im Zuge der «Minderung der Arbeitslosigkeit» aus dem Berufsleben und den Universitäten gedrängt. «Es ist die größte Idee des Nationalsozialismus», sagte Goebbels, «daß die Frauen zurückgeführt werden sollen zu Heim und Herd, wo sie dem Mann durch ihre Liebe und Sorglichkeit die Basis zum Schaffen bereiten… Die Frauen sollten ihrem Land und Volk Kinder schenken, Kinder, die die Geschlechterfolge fortsetzen und die Fortsetzung der Nation verbürgen.» [12]

In der NSDAP konnten Frauen zwar Mitglied werden, durften aber keine wichtigen Funktionen übernehmen. Weder vor noch nach 1933 hat die NSDAP je Frauen für das Parlament nominiert. «Ein Frauenzimmer, das sich in politische Sachen einmischt, ist mir ein Greuel», sagte Hitler. [13] Trotzdem fanden sich glühende Anhängerinnen, die – wenn schon nicht in der Partei – sich zumindest in der Organisierung der Frauen einen Namen machen wollten.

1923 gründete Elsbeth Zander den «Deutschen Frauenorden», einen ersten überregionalen Verband nationalsozialistisch gesinnter Frauen, der 1928 in die NSDAP eingegliedert wurde. In seinen Richtlinien hieß es: «Der Orden ist die völkische Frauenbewegung; er treibt nicht selbständige Parteipolitik und steht im Hilfsdienst der Nationalsozialistischen Deutschen Arbeiterpartei unter Führung von Adolf Hitler. Der Orden macht sich zur Aufgabe, die Frau aus den Wirren der Parteipolitik herauszuziehen, um ihre Kräfte auf sozialem Gebiet einzusetzen; sie muß sich aber über die großen politischen Fragen orientieren, muß vor allem die Gesetze kennen, die einschneidend auf die Familie wirken.» [14] Der «Orden» war nur für die Elite gedacht, «arische» Frauen über 18, die gleichzeitig Mitglied der NSDAP waren. Für die Masse der Frauen, die nicht Parteimitglied waren, stand das Deutsche Frauenwerk offen. Obwohl sie aufs engste miteinander verflochten waren, galten sie nach außen hin als zwei eigenständige Organisationen. «Ein simpler Trick, der es erlaubte, auch solche Frauen für die nationalsozialistischen Zwecke einzuspannen, die für einen offenen Parteieintritt nicht zu gewinnen gewesen wären.» [15]

Für die jüngeren, die 14- bis 18jährigen, wurden «Jungmädchengruppen» eingerichtet. Der «Orden» war nicht die einzige NS-Frauenorganisation. Es gab zum Beispiel den von Guida Diehl gegründeten Deutschen Frauenkampfbund und viele kleinere lokale oder regionale Gruppen und Verbände. Sie alle wurden 1931 durch den Reichsorganisationsleiter der NSDAP, Georg Strasser, zur NS-Frauenschaft zusammengeschlossen mit Elsbeth Zander an der Spitze; die Jungmädchengruppen dagegen wurden zum «Bund Deutscher Mädel» (BDM) zusammengeschlossen und unterstanden nicht der NS-Frauenschaft, sondern der männlichen Hitlerjugend (HJ).

Die Funktion der NS-Frauenschaft (NSF) war klar umrissen: «wirtschaftliche und sanitäre Hilfstätigkeit für die Partei und für Parteimitglieder, geistige und kulturelle Erziehungsarbeit sowie nationalwirtschaftliche Schulung der deutschen Hausfrau»[16].

Um die Führung der NS-Frauenschaft gab es zunächst ein internes Gerangel. Die erste Führerin, Elsbeth Zander, wurde von Lydia Gottschewski, diese aber bald darauf vom Landrat Krummacher abgelöst. Im Frühjahr 1934 war endlich die Richtige gefunden: Gertrud Scholtz-Klink, eine junge Witwe, wurde zur «Reichsfrauenführerin» ernannt. Im Rang eines «Reichsleiters» unterstand sie direkt dem «Stellvertreter des Führers». Gertrud Scholtz-Klink leitete neben der NS-Frauenschaft auch das Deutsche Frauenwerk und das Frauenamt der Deutschen Arbeitsfront, bis 1936 auch den Frauenarbeitsdienst. Als ihr letzteres entzogen wurde, hatte man sie vorher «weder gefragt noch unterrichtet. Sie erfuhr es anderntags aus der Zeitung.»[17]

Obwohl die NSF und ihre Führerinnen die Prinzipien des NS-Staates aus vollem Herzen bejahten und zu ihrer Propagierung, Durchsetzung und Verankerung entscheidend beitrugen, waren die NS-Männer zu keinem Zeitpunkt bereit, sie ernsthaft zu den inneren politischen Machtzirkeln zuzulassen. An wichtigen Entscheidungen, zum Beispiel über die Nürnberger Rassengesetze, die Erlasse zur Mütterschulung der SS-Bräute und den Lebensborn, wurden die NS-Frauen nicht beteiligt.[18] Offensichtlich akzeptierten die NS-Frauen die männliche Vorherrschaft und die ihnen zugewiesene Hilfsfunktion problemlos, sorgte die NS-Frauenschaft in der Folge doch dafür, daß die Ziele der Rassenhygiene und Rassenpolitik durchgesetzt wurden. Letztendlich setzten sie die Normen fest, nach denen Frauen zu betrachten – und zu behandeln waren; ob eine Frau die «Lebensbewährung als Hausfrau und Mutter» erfüllte – oder ob sie als «asozial» zu gelten hatte. Die «Asoziale», das war «die überforderte, die schlampige, die sich prostituierende, die fremdrassige Frau.»[19] Für ihren Einsatz wurden die NS-Frauen denn auch von Hitler öffentlich belobigt. Am 8. September 1934 sagte er auf dem Frauenkongreß in Nürnberg: «Ich erinnere mich an die Zeit, in der sich so mancher von uns gewandt hat in der Meinung, aus uns könne doch nichts werden, und uns dadurch viele untreu geworden sind: Ich weiß, damals sind es unzählige Frauen gewesen, die unerschütterlich treu zur Bewegung und zu mir gehalten haben.»[20]

Wir wissen immer noch viel zu wenig über diesen weiblichen Bereich des NS-Staates – unsere «Trauerarbeit» ist noch lange nicht abgeschlossen. Viele Schlußfolgerungen sind deshalb vorläufiger Natur und müssen in vertiefter Forschung überprüft werden. Trotzdem, eines ist auch heute schon ein klar zu benennendes Faktum: Als totalitäres Regime waren die deutschen Faschisten auf die aktive Mitarbeit der Frauen angewiesen; es hätte ohne sie nicht in gleichem Umfang funktionieren können.

Blieben die, die keiner formalen Gruppe oder Partei angehörten, die nichtorganisierten Frauen.

Zwischen Schweigen und Jubeln – die nichtorganisierten Frauen

Sie waren in der Mehrzahl, viele von ihnen litten große materielle Not, lebten unter schwierigsten Bedingungen. Die ersten Arbeitsbeschaffungsprogramme begannen, in deren Rahmen 1933 bereits für die Instandsetzung oder den Ausbau von Wohnhäusern 69 Millionen RM und 1934 sogar 129 Millionen RM ausgegeben wurden.[21] Das muß Hoffnungen geweckt haben! Daß der Wirtschaftsaufschwung durch eine immer höhere Staatsverschuldung erkauft wurde (1926 = 8,4 Mrd. RM, 1934 = 11,1 Mrd. RM und bis 1945 = 138,8 Mrd. RM)[22] und daß er im wesentlichen der Aufrüstung diente – war das für diese Frauen zu Beginn des Dritten Reiches wirklich offen zu durchschauen? Waren es diese wirtschaftlichen Anfangserfolge, die dafür gesorgt hatten, daß sie «dem Führer» zujubelten? War es das traditionelle Rollenverständnis der Nationalsozialisten, ihre Ideologie, die die fruchtbare Frau, die Mutter in den Mittelpunkt stellt, die Einführung des «Muttertags», des «Mutterkreuzes»? – doch das gab es erst ab 1938.

Aber es gab bereits die Aufhebung der Grundrechte der Versammlungs-, Rede- und Pressefreiheit, es gab Verhaftungen und bis Ende 1933 bereits 20565 wegen politischer Vergehen Verurteilte, es gab Boykottaktionen gegen Juden, Entlassungen im Zuge der «Wiederherstellung des Berufsbeamtentums», es gab Bücherverbrennungen und Ausbürgerungen, und es gab die ersten Konzentrationslager... Haben sie von nichts gewußt? Hat es sie nicht berührt? Warum haben sie nicht massiven Widerstand geleistet? – Aber welches geistige, moralische Rüstzeug hätten diese Frauen gehabt, Widerstand zu leisten? Wie viele Frauen hatten überhaupt Kontakt gehabt zu empanzipatorischem Gedankengut? Wie viele solches für sich übernommen? Wenn schon die organisierten Gruppen versagt haben, dem NS-Staat Einhalt zu gebieten, wieviel weniger waren vereinzelte Frauen dazu in der Lage. Waren die meisten deutschen Frauen nicht zu sehr damit beschäftigt, das Überleben ihrer Familien zu organisieren? Ja, waren sie im Grunde der Hausfrauen- und Mutterrolle – auch innerlich – nicht viel näher? Konnten sie die zum Teil schwierigen und schlechten Bedingungen der Erwerbsarbeit überhaupt als «Chance zur Emanzipation» erleben? Mußte nicht vielen von ihnen die Aussicht, von der Doppelbelastung befreit und in ihrer Rolle als Hausfrau und Mutter anerkannt zu werden, verlockend erscheinen? Mit Hilfe der Ehestandsdarlehen, die bis zu 1000 RM gingen und bei jedem Kind um ein Viertel erlassen wurden, konnten ja auch die ersten Verdienstausfälle ausgeglichen werden. Und in manchen Fällen tauschte der arbeitslose Mann einfach den Arbeitsplatz mit seiner Frau – so geschehen zum Beispiel im Oktober 1933 bei Reemtsma in Hamburg: Die Firma warb und gewann 122 Mädchen, weibliche Werksangehörige, für eine Massentrauung. Sie schieden gleichzeitig aus dem Betrieb aus, der an ihrer Stelle die bis dahin arbeitslosen neuen Ehemänner einstellte.[23] – Daß es später doch ganz anders endete, daß man sie später zurück in die Fabriken holen würde, nicht selten sogar unter Zwang, hätten die Frauen das damals wirklich voraussehen können, voraussehen müssen?

Warum also, warum jubelten sie ihm in Massen zu? Oder unterschätzten, verharmlosten sie? Hören wir Zeitzeuginnen, die sich in der historischen Distanz so erinnern:

Eine Katholikin, Tochter aus gutem Haus[24]:

«Begeistert für Hitler waren ja hauptsächlich ältere – sagen wir mal – unverheiratete Damen aus der guten Gesellschaft, die ich kannte, teilweise kluge Frauen, diese sogenannten ‹armen Mädchen aus guter Familie›, die nicht geheiratet hatten. Hitler muß für gewisse Frauen eine starke Ausstrahlung gehabt haben. Auf mich nicht. Mir lag der Typ nicht... diese älteren Damen, unbefriedigte Frauen, die haben ihr Idol gehabt. Jahre später sagte mir eine Frau: ‹Er hat mir die Hand geküßt! Diese Augen!› Ich habe nichts gesagt... In ‹Mein Kampf› stand drin, man muß die Juden vernichten. Daß das physisch gemeint war, auf die Idee kam doch kein Mensch... Ich will mal so sagen: Mir waren die Nazis unsympathisch, und ich fand auch alles nicht schön, aber ich empfand es auch nicht als so gefährlich. Ich nahm es vielleicht auch gar nicht so zur Kenntnis, denn zu der Zeit saß ich auf dem Lande und hatte das auch nicht gelesen... Aber die Begeisterung der meisten Frauen, die hätten, wenn sie an Hitler herangekommen wären, ihn vor Begeisterung wahrscheinlich zerrissen. Alles vor Freude. Unwahrscheinlich. Die mußten was fürs Herz haben. Sagen wir es mal so...»

Eine Verkäuferin aus Hamburg[25]:

«Bei uns im Geschäft waren alle begeistert. Wir kriegten einen Treuhänder eingesetzt, das haben wir Hitler zu verdanken, und der Laden lief wieder. Jedenfalls wurden die Kündigungen zurückgenommen; meine Schwester und ich konnten bleiben, und später ist auch mein Bruder noch eingestellt worden. Wir waren vier Geschwister, davon zwei arbeitslos, und mein Vater hatte mit seiner Tischlerei pleite gemacht... Wir beide standen mal am Hotel Atlantic, da sollte Hitler kommen, kam ja auch ans Fenster. Also, das war richtig ergreifend. Da haben alle Leute mitgejubelt, na wolln mal sagen, die sich nun in der Kommunistischen und Sozialdemokratischen Partei betätigt haben, die wahrscheinlich nicht, aber mit solchen Leuten kamen wir ja gar nicht zusammen. Ich sprach von der großen Masse. Die waren begeistert... Heute ist man ja viel aufgeschlossener. Wir haben damals keine Zeitung gelesen, kein Fernsehen gehabt. Wenn ich an meine Kolleginnen denke, kann ich mich kaum erinnern, daß wir damals was über Politik geredet haben. Nur wegen dem Hitlergruß, das hat uns nicht gepaßt... Wenn es hieß, der Führer kommt nach Hamburg, dann kamen die Leute von überallher. Meine Schwester hatte eine Wohnung in der Mönckeberg-straße; da war sie von der ganzen Verwandtschaft belagert, wollten alle am Fenster stehen, und alle haben geschrien... Später hat man ja dann erfahren, wie diese Parteibonzen sich so richtig bereichert haben. Und für uns gab es nur die kleine Zuteilung. Das war dann 1941, da ist unsere Tochter geboren, die hat nur drei Tage gelebt. Kurz danach war Weihnachten, und da hieß es: Sie haben keine Kinder, dann kriegen Sie auch keine Kerze! Da habe ich mir gedacht: Jetzt bist du kein Mensch mehr. Du müßtest vier Kinder haben, dann kriegst du auch dein Verdienstkreuz; aber so, wenn du keine hast, bist du auch nichts wert. Da gingen einem dann allmählich die Augen auf...»

Eine Anthroposophin aus Berlin[26]:

«Wir wohnten damals in einer riesigen Wohnung, waren immer sieben oder acht Leute, alles junge Menschen. Und als der Umsturz kam, am 30. Januar 33, da wollten wir gerade ein großes Faschingsfest machen. Februar war ja Faschingszeit. Wir hatten die große Wohnung, viele Bekannte und freuten uns schon drauf. Aber eine von uns, die später Ärztin wurde, hat einen furchtbaren Krach gemacht: ‹Wie könnt ihr Fasching feiern, wo der Hitler gewählt ist! Ihr wißt wohl gar nicht, was jetzt auf uns zukommt!› Wir haben es nicht eingesehen, wir haben unseren Fasching gefeiert. Wir hatten ja alle kein Geld, wollten nur tanzen und lustig sein. Wir trösteten uns, daß diese Medizinerin vielleicht eine besonders pessimistische Veranlagung hatte oder daß sie es unpassend fand, weil sie selber nicht tanzen konnte oder keinen Freund hatte... Es hat da wohl irgendwelche Erlebnisse gegeben, daß Leute, die ihre Meinung frei sagten, verschwanden. Es war klar, daß man nicht laut sprach oder seine Meinung auf der Straße oder in der U-Bahn kundtat.

Öffentlich ist ja nie ein Wort über KZ erschienen. Das wurde nur durch Flüsterpropaganda bekannt... Die Vorsicht wurde uns allmählich zur Gewohnheit, so daß man seine Meinung nur noch im vertrauten Kreis aussprach. Rückblickend kann man sagen, es war vielleicht ein Fehler von uns, daß wir nicht eine Auseinandersetzung gesucht haben. Wir kannten ja persönlich keine richtigen hundertprozentigen Nazis, nur solche, die eben ein bißchen mitmachten. Da war doch von Anfang an eine gewisse Vorsicht und Angst, weil wir wußten, wie schnell die einfach Gewalt anwenden. Wir haben uns lieber auf unsere Gruppe beschränkt. Das war für uns eine sichere Insel...»

Eine Dozentin, ab 1931 Leiterin des Archivs für Wohlfahrtspflege in Berlin, heute Trägerin des Bundesverdienstkreuzes[27]:

«Ich habe 26 bis 33 studiert, habe 1933 Examen gemacht... In der Idee, wer weiß, wie lange uns Hitler das noch erlauben wird, daß Frauen promovieren... Die Frau sollte nach Hitler ja zurück in die Küche, in die Kirche und ins Kinderzimmer, so ungefähr. Wir haben es ja später sehr spürbar erlebt. Daß die Frauen selbst nicht aufgemuckt haben, verstehe ich noch heute nicht... Als Frau in Hitler eine Chance zu sehen war schon damals nur was für dumme Leute. Aber man darf natürlich nicht die große Anzahl der Frauen vergessen, die nicht geheiratet wurden, weil der Mann arbeitslos war, oder jene, die die Arbeitslosigkeit des Mannes in voller Wucht erlebten. Und denen verspricht Hitler, daß der Mann – nicht sie – Arbeit erhalten wird. Der fing doch frühzeitig an, die Frauen mit dem Mutterkreuz zu ködern. Frauen sind ja erstaunlich leicht zu fangen...»

Eine Journalistin, ab 1939 im Exil[28]:

«Wie es wirklich war, wollen Sie wissen. Sie werden es nie erfahren. Niemand wird es je erfahren. Niemand wird es sich vorstellen können, der nicht ähnliches erlebt hat.»

Werden wir es tatsächlich nie erfahren? Wir haben die historische Chance verpaßt, unsere Mütter und Großmütter zu befragen, die zu jener Zeit junge erwachsene Frauen waren. Es war zu lange Zeit nicht unsere Geschichte. Deshalb ist es sicher schwer, aus authentischen Quellen heute zusammenzutragen, was die Mehrzahl der deutschen Frauen, die unorganisierten, die keine Erinnerungsdokumente hinterlassen haben, bewogen hat, Hitler zuzujubeln, für die NSDAP gewesen zu sein und / oder keinen Widerstand geleistet zu haben. Eines aber wissen wir, nämlich daß es wesentlich mehr Frauen waren, die die NSDAP wählten als ihr beitraten.

Auf dem Reichsparteitag der NSDAP von 1929 nahmen 100000 Parteimitglieder teil, im ersten Vierteljahr nach der «Machtübernahme» meldeten sich 1,6 Millionen neue Mitglieder an, 1934 sind es 6,5 Millionen; zwei Drittel aller Mitglieder sind 40 Jahre oder jünger – aber nur 5,5 Prozent sind Frauen.[29] Kann ich jetzt beruhigt sein?

Ich suche weiter, suche nach den aktiven Komplizinnen, die die Faschisten bewußt, überzeugt, mit Wort und Tat unterstützt haben. Von jetzt an wird die Arbeit immer qualvoller. Jeder Schritt bringt mich jenen Frauen näher, die, wie Ingrid Müller-Münch sagt, so sind «wie ich immer geglaubt hatte, daß Frauen nie sein könnten»[30].

Kitsch, Kunst und Karriere – Komplizinnen in der Kulturszene

Den Auftrag, den Parteitag von 1934 zu filmen, erteilt das Propagandaministerium einer Frau, der damals 32jährigen Leni Riefenstahl. Sie dreht mit einem Team von über 30 Kameramännern und 120 Mitarbeitern. Der Film «Triumph des Willens» wird 1935 uraufgeführt. «Durch ein Wolkengebilde schwebt Adolf Hitler in einem Flugzeug zur Erde, die der Erlösung durch ihn harrt. In dem Textbuch heißt es: ‹Froher Morgen. Sonne liegt über dem Land der Deutschen… Einem phantastischen Aar gleich, durchrast ein Flugzeug die Luft. Weit seine Flügel spannend… Der dröhnende Rhythmus der Motoren ruft in die Winde: Nürnberg… Nürnberg… Tief unten leuchtet die Stadt. Unübersehbare Menschenmassen starren zum Himmel… Das Flugzeug! Der Führer kommt! …Als der Riesenvogel endlich über dem Flugplatz… steht, ist die erwartungsfrohe Spannung der Tausenden aufs höchste gestiegen... Glocken rufen ins Land... Aufmarsch der SA und SS. Fahnenwald der Amtswalter. Vorbeimarsch vor dem Führer. – Der Führer.› Leni Riefenstahl bietet alle fotografischen Finessen auf. Die Kamera erfaßt im Aufwärtsfahren an Fahnenmasten die riesigen Ausmaße des Paradefeldes, auf dem in gewaltigen Blöcken die Formationen angetreten sind. Als Gestalter dieser Ordnung durchschreitet der Führer die Reihen, und die Kamera vollführt in zwei Halbkreisbewegungen Schwenks um ihn herum, ohne sich ihm je zu nähern. In der Kameraführung und der Montage liegt die Stärke des Films, der dazu gedacht ist, das Volk und das Ausland zu beeindrucken.» [31]

Die Auftraggeber waren begeistert, und Leni Riefenstahl durfte auch den Film über die Olympischen Spiele von 1936 in Berlin drehen, der nach zweijähriger Montagearbeit fertiggestellt, 1938 vom Olympischen Komitee als offizieller Olympiafilm anerkannt wurde.

Das Medium Film wurde von den Nationalsozialisten seit 1927 intensiv genutzt. Sie drehten Werbe- und Wahlfilme, die sie gegen offizielle Verbote in Kinos von sympathisierenden oder bestochenen Kinobesitzern oder eigenen Kinomobilen zeigten. Sofort ab 1933 kümmerten sie sich um die Wiederbelebung des deutschen Films per Finanzierungsbeihilfen. Noch 1933 wurden 22, ein Jahr später bereits 49 Spielfilme zur Hälfte ihrer gesamten Herstellungskosten finanziert. Ab Februar 1934 tritt ein «Reichslichtspielgesetz» in Kraft, das die staatliche Zensur legitimiert, gleichzeitig kauft sich der Staat in die Ufa ein. Anfang 1937 hält das Deutsche Reich 72,6 Prozent des Ufa-Aktienkapitals. Kurze Zeit später werden die Tobis-Filmkunst-GmbH und die Bavaria-Filmkunst-GmbH verstaatlicht, damit sind die wichtigsten Zweige der deutschen Filmindustrie in der Hand des Propagandaministeriums.

Viele der besten Filmleute emigrieren, andere bleiben; für manche wird das Dritte Reich zum Höhepunkt ihrer Karriere, wie zum Beispiel für Zarah Leander, Luise Ullrich oder Heli Finkenzeller – selbst dann, wenn sie keine offene Propaganda für die Faschisten betrieben. Luise Ullrich, die übrigens 1941 ein «südamerikanisches Tagebuch» veröffentlichte, bekannte sich offen zu einem reaktionären weiblichen Selbstverständnis: «Zwar glaube ich auch nicht an die Gleichheit der Partner. Gewiß ist es für die Frau dann am schönsten, wenn sie sich dem Manne unterordnet, weil sie das Gefühl hat, daß er ihr charakterlich und geistig überlegen ist, und weil sie ihn von ganzem Herzen bewundern kann. Aber zum Unterordnen gehört eine Größe, und ich habe stets bemerkt, daß die dümmsten und ungebildetsten Frauen die größten Ansprüche stellen…»[32] Das ist im Grunde nichts anderes als die verinnerlichte Philosophie der Nazis. Eine solche Veröffentlichung zu diesem Zeitpunkt mit diesem Inhalt von einem derart populären Star nützte den Faschisten, ob sie das nun beabsichtigte oder nicht. Ihre Haltung wurde im übrigen honoriert: Im gleichen Jahr, 1941, erhielt Luise Ullrich auf den damals faschistisch kontrollierten Filmfestspielen von Venedig einen Darstellerpreis.

Die eigentliche Propaganda fand in den Wochenschauen statt – und wenn man offiziellen Berichten Glauben schenken kann, fanden sie ungeheuren Zulauf. So heißt es zum Beispiel im «Bericht zur innenpolitischen Lage (Nr. 7)» des Sicherheitsdienstes der SS vom 23. Oktober 1939: «Auf dem Gebiet des Films teilt München mit, daß es eine auffallende Erscheinung sei, wie Bauern, die man früher nie in den Lichtspieltheatern sah, in die Stadt kämen, nur um die Wochenschauen und die politischen und militärischen Beiprogramme zu sehen. Der Titel des Hauptspielfilms interessierte sie dabei nicht.»[33]

Beim großen Publikum aber, so müssen die Nationalsozialisten, allen voran ihr Reichspropagandaminister Goebbels, lernen, finden reine Propagandafilme wenig Anklang. Sie verpacken deshalb in der Regel ihre Inhalte in gefällige Geschichten, seichte Unterhaltungsfilme, die sich nicht mit der Realität auseinandersetzten. Trotzdem waren auch dies keine Zufallsprodukte: «Die eigentliche Raffinesse der Filmpolitik lag allerdings in der Tatsache, daß man die richtigen Botschaften auch in scheinbar unverfänglichen Unterhaltungsfilmen unterbrachte, wo sie von beliebten Stars wie Zarah Leander, Marika Rökk, Kristina Söderbaum, Paula Wessely, Hans Albers, Willy Birgel und Heinz Rühmann vertreten wurden: Gehorsam, Schicksalsergebenheit und tapfer ertragenes Leid, Anerkennung von Herrschaftsstrukturen, mindestens aber eine frische, kernseifensaubere moralische Haltung und die Hintanstellung von Individualität gegenüber Gruppeninteressen wurden überall distanzlos gefeiert…»[34]

1940 aber kommt der berühmt-berüchtigte Film «Jud Süß» in die deutschen Kinos, ein antisemitisches Hetzwerk, gedreht unter der Regie von Veit Harlan, mit Werner Krauss, Ferdinand Marian und Kristina Söderbaum, Veit Harlans Ehefrau, in den Hauptrollen. «Der Film wird in den Ostgebieten gern vor Einsätzen gegen die Juden gezeigt, um das eventuelle Mitgefühl der nichtjüdischen Bevölkerung im Keim zu ersticken.» [35] Mit Wolfangs Liebeneiners «Ich klage an», in dem eine unheilbar kranke Frau ihren Mann bittet, sie zu töten, wird die Euthanasie verteidigt; die Hauptdarstellerin: Heidemarie Hatheyer. In «Heimkehr» von 1941, der die Annexion Polens rechtfertigte, spielte die österreichische Reinhardt-Schülerin Paula Wessely die Hauptrolle. Über diese Zeit und eine andere Österreicherin, die Wiener Volksschauspielerin Anni Rosar, sagte später einmal Hanne Hiob, die Tochter Bert Brechts: «Da hätten Sie mal die Frauen bei Hitler sehen sollen, wie die ihn angebetet haben, wie die sich zwar für ihn hätten totschlagen lassen, aber auch jeden totgeschlagen hätten, der gegen ihn vorgeht… Was hat die Anni Rosar gesagt: Der Hitler ist mein Himmivater. Die wäre doch sofort in den Volkssturm gegangen. Da gibt es überhaupt keinen Unterschied zwischen Frauen und Männern…» [36]

Auch an einem anderen kulturellen Brennpunkt steht eine Frau: Winifred Wagner, die Schwiegertochter Richard Wagners, ist von 1930 bis 1944 Leiterin der Bayreuther Festspiele. Sie ist eine frühe Jüngerin des «Führers», der die Festspiele samt Gefolge regelmäßig besuchte. Schon 1923 erklärte sie öffentlich: «Ganz Bayreuth weiß, daß wir in freundschaftlicher Beziehung zu Adolf Hitler stehen.» [37]

10. Mai 1933: In verschiedenen Städten brennen Tausende von Büchern «undeutscher» Autoren, in München im Lichthof der Universität, in Dresden bei der Bismarck-Säule, in Breslau auf dem Schloßplatz, in Frankfurt auf dem Römerberg, in Berlin auf dem Opernplatz. Ein Drittel der deutschen Presseorgane muß im Verlauf des Jahres 1933 ihr Erscheinen einstellen, ca. 1300 Journalisten werden im gleichen Jahr entlassen. Während viele der besten Schriftsteller und Journalisten in die äußere oder innere Emigration gehen, bekommen überzeugte nationalsozialistische Journalistinnen ihre Chance, schreiben fleißig und werden veröffentlicht. Eine Frau wie Sophie Rogge-Boerner preist in ihren Artikeln die «arischen» Frauen, die «ihren» Männern ebenbürtig seien, und verachtet die Frauen der «unteren» Rassen ob der Minder-

wertigkeit «ihren» Männern gegenüber.[38] Eine andere, Christa Rotzoll, veröffentlichte noch am 21.11.1943 in der Zeitung *Das Reich* einen Artikel über «Ostarbeiter im Lager und in der Fabrik», ein propagandistisches Machwerk, das den Eindruck vermitteln sollte, bei der Deportation und Zwangsarbeit der von Deutschen verschleppten Polen und Russen handle es sich um einen «Sanatoriumsaufenthalt».

Marga Taisen, Sonderberichterstatterin in einer führenden deutschen Tageszeitung, veröffentlichte 1939 ihr Buch «Und Buddha lächelt». Es erschien gerade rechtzeitig als Einstimmung auf das Abkommen zwischen den Achsenmächten Deutschland–Italien–Japan im Jahre 1940 mit dem Tenor, wie nett die Japaner sind und wie edel Japans Kriegshelden. Marga Taisen wollte «das Herz einer Frau» zu den tagespolitischen Ereignissen, der Besetzung Chinas durch japanische Truppen etwa, sprechen lassen.

Andere nationalsozialistische Journalistinnen bereisten die ehemaligen deutschen Kolonien. Im Zuge des neuen deutschen Vormachtstrebens machte es sich gut, an Deutschlands ehemalige Überseeterritorien zu erinnern. In zweiter Auflage erschien 1940 in München das «Fahrtenbuch» der Eva Mac Lean über «unser Kamerum heute». 21 Jahre nach Inkrafttreten des Versailler Vertrages gehörte Kamerum ihrer Meinung nach eigentlich immer noch «uns», wird Kamerum zum «geraubten Eigentum des großen deutschen Volkes» und die Hoffnung genährt, eines Tages werde Deutschland seine Kolonien zurückerhalten.[39] Sie freut sich, daß unter den weißen Frauen, die sich mit schwarzen Männern eingelassen hatten, sich wenigstens keine deutsche Frau fand, die «die Rassenschranke durchbrach», zählte die Geburten deutscher Kinder von deutschen Frauen, die seit 1928 wieder in Kamerum siedelten; nahm 1936 an der Maifeier der 250 «Volksgenossen» am Kamerunberg teil, bei dem Spruchbänder flatterten wie «Die Deutschen von Kamerun grüßen den Führer». Und die Menschen «lauschten mit Andacht und hatten diesen ganz besonderen gläubigen Ausdruck in den Augen, wie es die Deutschen unserer Zeit haben, wenn vom Führer die Rede ist und seinem Tun». 1938, am Ende ihres Aufenthaltes in Kamerun, nahm sie noch an einem «ganz besonderen hochpolitischen Ereignis» teil: Der Landesgruppenleiter der NSDAP hatte alle wahlfähigen Deutschen nach Tiko berufen, «um dort ihre Ja-Stimme abzugeben für den Anschluß Österreichs an Großdeutschland». Kein Wunder, daß bei ihr die Afrikaner «nach Schweiß und nach Neger» stanken und sie sich lustig machte über Kunst in Kamerun, deren «Negerfratzen» keiner «schön» finden kann.

1941 gab der Reichskolonialbund auch das 16.–30. Tausend eines Bilderbuches von Ilse Steinhoff heraus, einer «bekannten Presseberichterstatterin». Bereits der Titel «Deutsche Heimat in Afrika» meldet einen eindeutigen Anspruch an auf Deutschlands ehemaligen Raubbesitz auf dem afrikanischen Kontinent. Apartheid in Windhuk liest sich bei Ilse Steinhoff so: «Jeder Schwarze muß nach 9 Uhr abends die weiße Stadt verlassen und sich in seine Stadt aus Wellblech zurückziehen. Hier gibt es alles für sie – Fußball, Cafés, sogar Läden und Polizei! Die Hütten sind meist aus Wellblech gebaut, manche haben auch einen kleinen Vorgarten nach deutschem Muster. Selbst eine Musikkapelle spielt mit Vorliebe alte deutsche Soldatenlieder und – moderne Schlager! Hier gibt es alles für sie…!»[40] Aber es gab keine Freiheit. Doch darüber nachzudenken kommt der Autorin nicht in den Sinn.

Sophie von Uhde, Tochter des Malers Fritz von Uhde, publizierte während des gesamten «Dritten Reiches».[41] 1934 erschien ihr koloniales Reisebuch «Deutsche unterm Kreuz des Südens» mit einem Geleitwort des Ritter von Epp, der sich 1900 als Freiwilliger begeistert an der Niederschlagung des Boxer-Aufstandes beteiligt und sich von 1904 bis 1906 um die Ausrottung der einheimischen Völker in Deutsch-Südwestafrika verdient gemacht hatte, im April 1920 den Spartakusaufstand in Dortmund blutig niederschlug, seit Mai 1928 für die NSDAP im Reichstag saß und seitdem dem engeren Mitarbeiterkreis Adolf Hitlers angehörte.

«Rassisch wertvolle» Mütter und der «Lebensborn»

Heinrich Himmler, Reichsführer-SS, gründete im Dezember 1935 den «Lebensborn e. V.», dessen Aufgabe es war:

«1. Rassisch und erbbiologisch wertvolle, kinderreiche Familien zu unterstützen.

2. Rassisch und erbbiologisch wertvolle werdende Mütter unterzubringen und zu betreuen, bei denen nach sorgfältiger Prüfung der
eigenen Familie und der Familie des Erzeugers durch das RuS.-
(= Reichs- und Sicherheits-)Hauptamt SS anzunehmen ist, daß
gleich wertvolle Kinder zur Welt kommen.

3. Für die Kinder zu sorgen.

4. Für die Mütter der Kinder zu sorgen.»[42]

Ob es sich bei den Lebensborn-Heimen um regelrechte «Zuchtstät-
ten» gehandelt hat, wie vermutet und gemunkelt wurde, ist nie end-
gültig bewiesen worden. Seiner Intention nach aber war der Lebensborn «brutalem Rassismus und Biologismus» verpflichtet[43], und das
nicht nur im deutschen Reich, sondern im Verlauf des Krieges auch in
den besetzten Ländern.

In Norwegen, zum Beispiel, dessen Bevölkerung den Deutschen als
nordisches Volk par excellence galt, verfaßte der SS-General Wilhelm
Reddies ein internes Rundschreiben mit folgendem Inhalt: «Es ist un-
bedingt wünschenswert, daß die deutschen Soldaten mit norwegischen Frauen so viele Kinder wie möglich zeugen, egal ob ehelich oder
außerehelich.»[44] Diesem Wunsch wurde reichlich entsprochen.
Pünktlich nach neun Monaten kam das erste Kind eines deutschen Vaters und einer norwegischen Mutter zur Welt. Bis Kriegsende waren
es 9000. Heiraten solcher Verbindungen wurden dagegen nur 400 re-
gistriert.

Die tödliche Konsequenz der Pflicht

Wenn schon außerhäusliche Erwerbsarbeit für Frauen, dann sollte sie
zumindest «frauengemäß» sein. Dazu zählten, wie Guida Diehl aus-
führte, «nur die haus-, garten- und landwirtschaftlichen, pflegerischen,
erzieherischen, lehrenden, heilenden, künstlerischen und kunstge-
werblichen Berufe und diejenigen in den dazugehörigen Verwaltungs-
und Regierungsämtern.»[45]

Zu dieser Gruppe zählten die Gesundheits-, Familien- und sonstigen
Fürsorgerinnen – ein relativ junger Berufszweig. Vor 1933 übten ihn

viele Frauen der «gehobeneren» Schichten aus, die sich der Frauenbewegung zugehörig fühlten.

Für-sorge, im Sinne von «für andere sorgen», war vom Staat nicht gegründet worden, um Bedingungen zu verändern, und auch nicht, um Menschen zu befähigen, sich selbst zu helfen. Diese Art der Fürsorge war dahingehend angelegt, systemstabilisierend zu wirken. Hier wurde nicht nach den Ursachen sozialer Not und Ungerechtigkeit gefragt – etwa mit dem Ziel, dort verändernd zu wirken –, sondern diese Fürsorge stellte ruhig, speiste Menschen und ihre Rechte mit Almosen ab, bevormundete, wiegelte soziales Unruhepotential ab, lange bevor es sich artikulieren konnte. Diese politische Funktion der so verstandenen Fürsorge trat nach außen hin aber nicht offen zutage. Die Fürsorge trat eher unter einem christlich-humanitären Mäntelchen in Erscheinung und wurde sicher von den meisten eher als eine Art «Komponente menschlicher Solidarität» verstanden. Es darf deshalb nicht verwundern, wenn Fürsorgerinnen mit einer derart apolitischen Berufsauffassung ihren Beruf unter jedweder Staatsform ohne Skrupel ausüben können, wie es in unserem Fall der nahtlose Übergang von Fürsorgerinnen von der Weimarer Republik ins nationalsozialistische Deutsche Reich und danach in die Bundesrepublik Deutschland demonstriert.

Während des Dritten Reiches kamen zusätzliche Aufgaben auf die Fürsorgerinnen zu; sie wurden mit Aufgaben im Rahmen der Durchsetzung und Durchführung der Rassenpolitik betraut, an deren Ende oft Entmündigung, Zwangssterilisation, Internierung oder Tötung von Menschen stand. «Die erbbiologische Erfassung der Bevölkerung wurde über die Einrichtungen des Gesundheits- und Wohlfahrtswesens organisiert, an deren vorderster Front Frauen standen. Es waren Gesundheits- und Familienfürsorgerinnen, die in die Familien gingen, Berichte anfertigten, also den unmittelbaren Kontakt mit den Betroffenen hatten und häufig die ersten Schritte zu deren Erfassung und späteren Aussonderung in die Wege leiteten.»[46]

Wurden die Rassengesetze auch von Männern gemacht, Frauen, Fürsorgerinnen «zählten auf unterster Verwaltungsebene zu den vielen kleinen Rädchen, die das reibungslose Funktionieren der nationalsozialistischen Vernichtungsmaschinerie garantierten.»[47] Ohne diese Rädchen und Millionen anderer, die alle «nur ihre Pflicht getan» haben, hätte die Maschinerie des Faschismus, das System, nicht funktionieren können.

Wie sehen diese Frauen sich heute in der historischen Distanz? Greifen wir aus der Fülle der Beispiele, die eine Projektgruppe unter Angelika Ebbinghaus zusammengetragen hat, eines heraus[48]:

Martha B., Jahrgang 1904, Hamburger Fürsorgerin:

Sie wuchs in der Nähe des ehemaligen Gängeviertels auf, besuchte die Volksschule und später das sozialpädagogische Institut in Hamburg, lernte dort die Ziele der bürgerlichen Frauenbewegung kennen und begann 1928 mit ihrer sozialpädagogischen Praxis in einer Mütterberatungsstelle in St. Pauli-Süd.

Ihre Einstellung zur Sozialarbeit hat Martha B. aus ihren Erfahrungen in der Jugendbewegung gewonnen: «Ich wollte nicht erziehen, ich wollte helfen. Ich war Sozialarbeiterin, nicht Pädagogin.»

Diese Leitlinie versuchte sie als Fürsorgerin praktisch umzusetzen. «Das Leid der Arbeiterfamilien war unvorstellbar in der Weltwirtschaftskrise... Das, was den Bedürftigen zur Unterstützung angeboten werden konnte, reichte nie aus. Es war immer schwierig, etwas für die Leute durchzubringen, rein wirtschaftlich.»

Trotz der allgemeinen Anordnung hat Martha B. nie Bedürftigkeitskontrollen durchgeführt: «Das finde ich unmöglich und unwürdig. Ich habe den Leuten nie in die Schränke geguckt!» Über ihre normale Arbeit hinaus kümmerte sie sich auch noch um die kulturelle Bildung ihrer Klienten: «Wissen Sie, ich bin ja auch betteln gegangen für meine Leute, nicht um Kleidung oder Essen, sondern um Theaterkarten für die Kinder, mit denen bin ich dann nach Dienstschluß in die Vorstellungen gegangen.»

Das hat sie schon in der Weimarer Republik getan und auch während des Nationalsozialismus.

Was sich geändert hat nach der Machtübergabe an die Nazis? Nichts. Nichts in der konkreten Arbeit vor Ort. Nichts in ihrem Alltag. Sicher, es gab Veränderungen. Aber die Diskriminierung politisch Unliebsamer im Rahmen der Sozialarbeit gab es auch schon vor 33. So erzählt sie, daß die Kommunisten, die in die Geschehnisse am Altonaer Blutsonntag verwickelt waren, in den Wohlfahrtsstellen Hausverbot hatten. «Die Beamten dort hatten Angst, daß die Revolutionäre sie tätlich angreifen oder über den Haufen schießen würden. – Aber wir Fürsorgerinnen mußten hin in die Familien…»

Was sie wußte über KZs? Ganz spontan sagt sie: «Wir wußten alle nichts.» Aber sie persönlich wußte schon – in einer ihrer Familien war der Bruder des Mannes im KZ Neuengamme umgekommen. «Aber ich habe nie mit jemandem darüber gesprochen.»

Ob der Zwang zur Organisierung zugenommen habe? «Nein. In unserer Beratungsstelle war keine bei den Nazis.» Sie zögert, und dann sagt sie fast entschuldigend: «Doch, eine. Aber ansonsten haben wir sehr darauf geachtet, daß wir gesund bleiben. Ja, später, da wurde es notwendig. 1939. Aber da sind wir alle geschlossen in die Partei eingetreten. Wenn schon, dann alle, haben wir gesagt… Und später, nach Stalingrad, als der Wille im Volk nachließ, da mußten wir zu Schulungen…»

Von den politischen Säuberungen hat sie wenig gemerkt. «Ein jüdischer Arzt wurde entlassen. Wir waren alle sehr empört, aber die Empörung blieb immer unter uns, es gab keine öffentlichen Proteste.»

Sie kommt von sich aus auf die Aussonderung zu sprechen: «Na, und dann die fürchterliche Geschichte mit den Fragebögen, das war unser Anteil. Die Fragebögen und ‹Erbtüten›. Die Erbtüten waren geplant als lebensbegleitender Bericht vom Säuglingsalter an. Für die Jungen blau, für die Mädchen rosa – natürlich nur für Rassenreine.» Eine ihrer Kolleginnen hatte damals ein Spottgedicht darauf gemacht. Sie rezitiert die letzte Strophe. In Erinnerung daran muß sie lächeln. Doch dann setzt sie schuldbewußt hinzu: «Ja, über so etwas Schreckliches haben wir Witze gemacht…»

Ein Blick in die Statistiken verrät, um welche Dimension es sich dabei gehandelt hat, wie viele Menschen unter Mithilfe der «kleinen Rädchen» zu Schaden kamen. Zum Beispiel Zwangssterilisationen, zum Beispiel Hamburg: Dort kam es zwischen 1934 und 1945 zu fast 19000 Sterilisationsverfahren, in 15800 Fällen wurden die Sterilisationen auch durchgeführt – im ganzen Reich waren es 300000. Doch Bemühungen, die «Erbgesundheit des Volkes» zu verwirklichen, machten nicht bei Zwangssterilisationen halt – sie führten bis hin zu tödlichen Euthanasieprogrammen, denen selbst 3000 Kinder zum Opfer fielen.

Auch wenn für die Fürsorgerinnen die «tödliche Konsequenz» nicht immer offensichtlich war, haben sie doch durch ihre Hilfe bei der Klassifizierung und «Aussonderung» die Basis geschaffen, auf der diese Pogrome erst durchgeführt werden konnten.

Doch gab es nicht nur die ganz kleinen Rädchen. In Hamburg unterstand auch die Leitung des Fürsorgerinnendienstes Frauen, der Oberinspektorin Johanna Dunkel und ab 1940 unterstützt durch die Oberin Röhrssen, zuständig für die gesundheitsfürsorgerischen Belange, und der Inspektorin Eversmann für die Erziehungs- und Wirtschaftsfürsorge.

Käthe Petersen, Jahrgang 1903,
Juristin und Hamburgs oberste Fürsorgerin:

Die Tochter eines Ingenieurs aus Elmshorn studierte 1923–26 Jura, Staatsrecht, Psychologie und Volkswirtschaft. Ihr Promotionsthema aus dem Jahr 1930 deutete bereits auf ihr «Lebensthema» hin: «Die rechtliche Stellung der städtischen Jugendämter, dargestellt mit der besonderen Berücksichtigung der Mitarbeit der freien Vereinigungen für Jugendhilfe und Jugendbewegung». Mit viel Engagement und effizienter Arbeit schaffte sie es, Karriere zu machen. Sie landete an oberster Stelle in der hamburgischen Gesundheits- und Sozialpolitik, an deren konzeptioneller Gestaltung sie mitarbeitete und die sie mitverantwortete.

Petersen tat sich besonders hervor in der Einführung von «Sammelvormundschaften» für sogenannte «sittlich gefährdete» und kranke Frauen, die, zum Teil entmündigt, unter Pflegschaft standen, streng beaufsichtigt wurden oder in «Heimen» landeten. Bevorzugt verfolgte Käthe Petersen Prostituierte, die bei ihr unter die Kategorie «moralischer Schwachsinn» fielen und so für Sterilisationen freigegeben wurden, da Prostitution als Sterilisationsgrund nicht angegeben werden durfte. Käthe Petersen ließ polizeilich nach Prostituierten fahnden, setzte sich für deren Zwangsarbeit und teilweise für ihre Zwangsverwahrung ein. Während männliche Sammelpfleger gelegentlich Einspruch gegen Sterilisationsbeschlüsse erhoben, ist ähnliches bei Petersen nicht nachzuweisen.

Zu den «Asozialen» oder «Gemeinschaftswidrigen», die systematisch erfaßt, «ausgekämmt» und «ausgesondert» wurden, gehörten für Käthe Petersen «Gewohnheitsverbrecher, Landstreicher, Zuhälter, Rauschgiftsüchtige und Dirnen, die immer wieder die gesundheitsbehördlichen Vorschriften übertreten; ferner Unwirtschaftliche und Arbeitsscheue, bei denen alle Erziehungsversuche vergeblich gewesen sind»[49].

Sie war auch an der Ausarbeitung der «Richtlinien für die Durchführung der Fürsorge und der Behandlung Gemeinschaftswidriger» beteiligt. 1939 wurde sie in voller Anerkennung ihrer Leistungen zur Senatspräsidentin ernannt. Als während des Krieges Raum für Verwundete gebraucht wurde, wurden alte und sieche Insassen aus Wohlfahrtseinrichtungen «verlegt» – von Hamburg aus auch in Tötungsanstalten wie Meseritz-Obrawalde. Dies geschah immer mit Zustimmung der Vormünder, also auch mit der Zustimmung Käthe Petersens.

Diese Frau «hatte in einem Bereich als Frau Karriere gemacht, in dem während der 13jährigen nationalsozialistischen Herrschaft Alte, Schwache und Kranke, soziale und rassische Minderheiten aus der Gesellschaft ausgesondert oder physisch vernichtet wurden. Der NS-Staat hatte dieser jungen, ehrgeizigen und engagierten Akademikerin Aufstiegschancen und Gelegenheit geboten, ihre beruflichen und persönlichen Fähigkeiten richtig einzusetzen.»[50]

1945 änderte nichts für Käthe Petersen. Sie verblieb im Staatsdienst und tat wieder nur, was von ihr erwartet wurde.

Neben ihr gab es andere Frauen an exponierten verantwortlichen Stellen in der Sozialpolitik. Da war Agnes Neuhaus, Mitglied der verfassunggebenden Deutschen Nationalversammlung von 1919/20 und von 1920 bis 1930 Abgeordnete der Zentrumspartei im Deutschen Reichstag, Vorstandsmitglied des Katholischen Frauenbundes, Mitglied im Zentralvorstand des Caritasverbandes und in zahlreichen Verbänden von Fürsorge, Gerichtshilfe und Vormundschaftswesen. Sie widmete sich besonders «sittlich gefährdeten» Frauen, die für sie «eine große Gefahr für die Allgemeinheit» darstellten.[51] Ihre Lösung – Verwahrung. Bereits 1919 hatte sie erstmals ein solches Gesetz für «geistig minderwertige Frauen» gefordert und 1921 einen entsprechenden Gesetzesentwurf im Reichstag eingebracht.

Auch die Juristin Hilde Eiserhardt befürwortete Verwahrung; die große Spezialistin auf diesem Gebiet allerdings war eine andere.

Helene Wessel, Jahrgang 1898, Wissenschaftlerin und Politikerin:

Schon ihr Vater, ein Lokomotivführer aus Dortmund, war aktives Mitglied der Zentrumspartei. Helene Wessel hatte es deshalb leicht, nach Beendigung einer kaufmännischen Lehre und dem Besuch einer Handelsschule in Dortmund als Sekretärin bei der Zentrumspartei in Dortmund-Hörde unterzukommen. Bereits 1917 wurde sie selbst Parteimitglied. 1922 absolvierte sie eine Ausbildung zur Jugendpflegerin, kehrte dann aber wieder in die Parteizentrale zurück. Gleichzeitig arbeitete sie als Sozialbeamtin der Stadt Dortmund in den Bereichen Jugendpflege und Vormundschaft.

Sofort nach 1933 witterte Helene Wessel Morgenluft für ihre Ansichten: Sie bedauerte, daß «übertriebene Humanität» und ein «völlig falsch verstandener Freiheitsbegriff vergangener Jahre» ein Bewahrungsgesetz verhindert hatten. Folgerichtig nutzte sie die Gelegenheit der Stunde und wandte die neue Staatsdoktrin der Eugenik sofort auf ihr eigenes Arbeitsfeld an. Verfolgt man den Lebensweg von Helene Wessel bis zu ihrem Ende, erlebt man einige Überraschungen, entdeckt eine äußerst widersprüchliche Entwicklung. Bereits 1945 machte sie sich daran, ihre politische Karriere weiterzuverfolgen. Sie war eine der vier Frauen im Parlamentarischen Rat, wurde Partei- und Fraktionsvorsitzende der wiedergegründeten Zentrumspartei, legte 1951 den Parteivorstand nieder und trat ein Jahr später aus der Partei aus – aus Ablehnung des «Westabmarsches», also der einseitigen westlich orientierten Außenpolitik der jungen Bundesrepublik. Gemeinsam mit Heinemann gründete sie die Gesamtdeutsche Volkspartei (GVP), die politisch allerdings im Abseits blieb und sich deshalb 1957 wieder auflöste. Heinemann und Wessel wurden daraufhin Mitglieder der SPD, und für diese Partei wurden sie auf sicheren Listenplätzen in den Bundestag gewählt.

Sie gehörte vielen Ausschüssen an, dem für Kommunalpolitik und öffentliche Fürsorge, dem für Familien- und Jugendfragen und war stellvertretende Vorsitzende des Petitionsausschusses des Bundestages.

1965 wurde sie mit dem Bundesverdienstkreuz dekoriert. 1967, im Jahr ihres Todes, stimmte sie – gegen die Notstandsgesetze.

Noch eine Anmerkung: Im Bundessozialhilfegesetz von 1961 sah man vor, «Gefährdete» freiwillig beziehungsweise zwangsweise in Heimen unterzubringen. Diese Regelung wurde erst 1974 durch das Bundesverfassungsgesetz aufgehoben.

Eine der Endstationen für die von den Fürsorgerinnen «ausgesonderten» Menschen waren die sogenannten «Heil- und Pflegeanstalten», von denen einige zu «regelrechten Tötungsanstalten» ausgebaut wurden, in denen das Pflegepersonal Tausende von Menschen tötete, 10 000 allein in Meseritz-Obrawalde.

Vierzehn ehemalige Pflegerinnen dieser Anstalt standen – zusammen mit vier Kolleginnen aus anderen Einrichtungen – 1965 vor Gericht wegen Beihilfe zum Mord. In der Anklageschrift der Staatsanwaltschaft hieß es: «Das Motiv für die Tötung der Geisteskranken war bei den Haupttätern nicht etwa das Bestreben, die Leiden der Kranken abzukürzen. Sie betrachteten vielmehr die Kranken entsprechend der nationalsozialistischen Weltanschauung als für die Volksgemeinschaft nutzlose Kreaturen, durch deren Beseitigung die Aufwendungen für Unterbringung, Verpflegung und Fürsorge eingespart und die Kriegswirtschaft entlastet werden sollte. Die Tötungen erfolgten aufgrund einer vorbedachten Planung unter Ausnutzung der Wehr- und Arglosigkeit der Kranken sowie unter Täuschung der Sorgeberechtigten, die in der überwiegenden Anzahl aller Fälle ihre Angehörigen in die Anstalt gegeben haben, damit diese dort Pflege und Betreuung erlangten. Die wahre Behandlung der Opfer wurde gegenüber den Sorgeberechtigten verschwiegen und unrichtige Todesursachen vorgetäuscht.

Die Angeschuldigten haben sich entsprechend den Anweisungen ihrer Vorgesetzten in Kenntnis der von den Haupttätern verfolgten Beweggründe und der bei den Tötungen angewandten Methoden beteiligt. Sie selbst haben in mehreren Fällen die Opfer in ihrer Arglosigkeit dadurch bestärkt, daß sie diesen eine Heilbehandlung vorspiegelten und so zur widerstandslosen Einnahme des Giftes bewogen.

Die Angeschuldigten werden daher beschuldigt, bei der gemeinschaftlichen Tötung von Menschen, die heimtückisch und aus niedrigen Beweggründen erfolgte, gemeinschaftlich durch Tat Hilfe geleistet zu haben...»[52]

Einige Verfahren wurden eingestellt, eine Angeklagte beging nach der Vernehmung Selbstmord, die anderen wurden freigesprochen.

Alle Angeklagten sagten aus, sie hätten nur ihre Pflicht getan, Befehle von Vorgesetzten ausgeführt, hätten Mitleid gehabt und wollten die Kranken «erlösen»...

Die damalige Anstaltsoberärztin Dr. Hilde Wernicke und die Pflegerin Helene Wieczorek standen bereits im Dezember 1945 in Berlin vor Gericht, wurden zum Tode verurteilt und im Januar 1947 hingerichtet. Eine andere, die Oberpflegerin Amanda Ratajczak, war, unmittelbar nachdem die Anstalt von der Roten Armee befreit wurde, von den Sowjets erschossen worden. Die russische Kommission fand in Meseritz-Obrawalde «Massengräber, Zigtausende von Giftampullen, ein in Bau befindliches Krematorium, einige tausend Urnen...». Die Oberpflegerin Ratajczak hatte gestanden, in den letzten drei Jahren 2500 Menschen getötet zu haben. Die Sowjets zwangen sie vorzuführen, wie die Tötungen durchgeführt wurden. Ein ehemaliger Patient der Anstalt und Zeuge dieser Demonstration berichtet: «Bei dieser Gelegenheit erfuhr ich, daß mittels eines Eßlöffels Medinal und einem Glas Wasser ein Trunk hergestellt wurde, der zur Einschläferung des zu tötenden Patienten gedient hatte. Falls sich ein Patient geweigert hatte, den Trunk zu sich zu nehmen, erklärte Ratajczak, wurde ihm die Flüssigkeit mittels einer Magensonde durch die Nase eingegeben. Nach dieser Erklärung zog die Ratajczak eine Evipanspritze auf, vermutlich 5 ccm, und erklärte, daß diese Injektion in den Arm des zu tötenden Patienten verabreicht wurde. Somit wurde mir bekannt, daß die Tötungsart ein vorher gegebenes Schlafmittel und eine darauffolgende tödlich wirkende Spritze war.»[53]

Für menschenverachtende Grausamkeiten auf der einen und unermeßliches Leiden auf der anderen Seite gab es noch eine Steigerung – in den Konzentrationslagern.

Bei der Arbeit an diesem Abschnitt packen mich Grauen und Entsetzen. Immer noch. Immer wieder. Manchmal muß ich die Dokumente weglegen, weil ich es nicht mehr ertragen kann. Aber was ich weiß, verfolgt mich, läßt mich nicht los. Manchmal habe ich keine Worte mehr, manchmal nicht einmal mehr Gefühle. Die «Last, Deutsche zu sein», lastet auf mir – auch und besonders, eine deutsche Frau zu sein. Der Blick in die Geschichte ist gleichzeitig ein Blick in die Abgründe des menschlichen Wesens. Es ist diese Sicht der Dinge, die mich erschauern läßt: daß das alles möglich war, beweist mir, wozu Menschen fähig sind, fähig sein können, wenn äußere Bedingungen, Ermutigungen, geistiges Klima, Gelegenheit und innere Bereitschaft, «Disposition», zusammentreffen. Charlotte Beradt, Jüdin, Antifaschistin, Gegnerin des Nazi-Regimes, sagte einmal im Gespräch mit Gabriele Kreis über ihre Jahre im Exil: «Wenn Sie wüßten, wie viele Emigranten gute Nazis geworden wären, wenn man sie nur gelassen hätte.» [54] Wenn ich diesen Satz ernst nehme, bleibt auch für mich die Frage offen: Wie hätte ich mich verhalten? Was wäre aus mir geworden, wäre ich in jene Zeit hineingeboren worden? – Kein Grund also zur selbstgerechten Anklage einer «Nachgeborenen», Grund genug zur Trauerarbeit und Verpflichtung, mich in *meiner* Zeit zu beweisen.

Komplizinnen in den Lagern

Noch 1933 wurden die ersten Konzentrationslager eingerichtet. Offiziell wurde zunächst unterschieden in

- Arbeitslager für alte und «leicht belastete» Häftlinge
- Konzentrationslager für schwerer belastete Häftlinge, von denen Besserung erwartet wurde
- Konzentrationslager für schwer belastete Häftlinge, von denen keine Besserung erwartet wurde.

Als das System voll ausgebaut war, gab es Konzentrationslager, Arbeitslager, Vernichtungslager und Sonderlager. Jedem der sogenannten «Hauptlager» der Konzentrationslager Stutthof, Oswiecim, Ravensbrück, Sachsenhausen, Gr. Rosen, Flossenbürg, Mauthausen, Dachau, Neuengamme, Bergen-Belsen, Buchenwald, Mittelbau und Natzweiler waren organisatorisch und verwaltungsmäßig zahlreiche «Nebenlager» zugeordnet. Ende 1944 gab es 13 Hauptlager mit zirka 500 Nebenlagern.

Von Anfang an mußten die Häftlinge in allen Lagern arbeiten, ab 1936 auch in privaten Betrieben. Ab 1938 wurde der Arbeitseinsatz von KZ-Häftlingen planvoller organisiert, ab 1939 auch in der Rüstungsindustrie. Größter Arbeitgeber war die IG Farben mit ihren Buna-Werken zur Herstellung von synthetischem Benzin in der Nähe des Lagers Auschwitz-Birkenau. Aber auch Krupp hatte einen Betrieb zur Produktion von Zündern in Auschwitz, Siemens einen anderen im Lager Ravensbrück und einen in Auschwitz.

Der Lohn für die Häftlinge (bis 1942 waren das 0,30 RM pro Tag pro Häftling) wurde an die SS überwiesen. Auf dem Höhepunkt des Einsatzes arbeiteten ungefähr eine halbe Million KZ-Häftlinge für die deutsche Industrie.

Die Häftlinge wurden aber auch für Arbeiten für SS und Lagerverwaltung eingesetzt. In Ravensbrück zum Beispiel mußten Frauen und Mädchen «den Boden für die SS-Villen ausheben und mit Walzen die Straßen planieren. Sie mußten Loren voll Sand schaufeln und schieben. Sie mußten Steine auf- und abladen – ohne Handschuhe – auch bei bitterster Kälte».[55] Die Methode, Häftlinge bei zunehmend schlechtem Ernährungs- und Gesundheitszustand sich zu Tode schuften zu lassen, wurde *«Vernichtung durch Arbeit»* genannt.

Ab 1940 begannen *medizinische Versuche* an Häftlingen, die zum größten Teil aus militärischen Gründen erfolgten; dazu gehörten u. a.:

– Unterdruckversuche
– Versuche mit langandauernder Unterkühlung
– Versuche zur Trinkbarmachung von Meerwasser
– Fleckfieber-Impfstoffversuche
– Gelbsucht-Virus-Versuche
– Sulfonamidversuche
– Knochentransplantationen
– Experimente zur Massensterilisation
– Vergasung von Juden zur Einrichtung einer jüdischen Skelettsammlung in der «Reichsuniversität» Straßburg.

Die *Vergasung* von Insassen der Konzentrationslager begann 1941. Am 20. 1. 1942 wurde auf der sogenannten «Wannseekonferenz» die *«Endlösung»* der Juden beschlossen.

Das erste zentrale Frauen-Konzentrationslager wurde im Oktober 1933 in Moringen, Niedersachsen, errichtet. Obwohl es noch kein Vernichtungslager war, waren die Bedingungen hart, unter denen die Häftlinge dort leben mußten. Als Haftgründe wurden genannt: «Zugehörigkeit zur KPD, zur SPD, zur Roten Hilfe, zur Internationalen Arbeiterhilfe, zur Bündischen Jugend, zu den Zeugen Jehovas, Unterbringung von flüchtigen Funktionären, Verdacht auf illegale Tätigkeit, Schmücken der Gräber von Rosa Luxemburg und Karl Liebknecht, abfällige Äußerungen für die Regierung, angeordnete Schutzhaft nach Verbüßung einer Haftstrafe, Remigration (aus der Emigration Zurückgekehrte)», ab 1935 wurden Frauen auch wegen «rassenschänderischen» Verhaltens eingewiesen und ab 1937 auch «Berufs-, Gewohnheits- und gemeingefährliche Sittlichkeitsverbrecher»[56].

Die Bewacherinnen von Moringen wurden aus den Reihen der NS-Frauenschaft rekrutiert.

Das Lager Moringen wurde bald zu klein. Im März 1938 wurden die Moringer weiblichen Häftlinge in das KZ Lichtenburg in Sachsen verlegt; die bis zu diesem Zeitpunkt dort inhaftierten Männer kamen nach Buchenwald. Lichtenburg stand unter dem Kommando der SS. Als auch Lichtenburg nicht mehr ausreichte, die schnell wachsende Zahl von Häftlingen zu fassen, entstand das Frauen-Konzentrationslager Ravensbrück bei Fürstenberg in Mecklenburg – ebenfalls unter Leitung der SS. In dieses Lager kamen zwischen 1939 und 1945 133 000 Frauen und Mädchen aus 23 Nationen. 40 000 überlebten.

In den Lagern standen sich Opfer und Täterinnen gegenüber, von Angesicht zu Angesicht. Wir wissen noch zu wenig darüber, was in ihrem Inneren vorgegangen ist, aber wir wissen, was geschehen ist: Frauen haben Frauen erniedrigt, mißhandelt, vernichtet.

Im Innern des Grauens
Zeugenaussagen ehemaliger KZ-Häftlinge [57]

«Die Wahrheit ist zumutbar.»
Ingeborg Bachmann

«Die Frauen lebten in den gleichen Verhältnissen wie die Männer, nur mit dem Unterschied, daß sie durch SS-Frauen bewacht waren.

Wir Frauen unterstanden einer Kommandantin und einem Kommandanten, unterstützt von zahlreichen SS-Frauen. Wir nannten sie Offizierinnen. Wir kamen kaum in Berührung mit dem Lagerleiter.

Die Offizierinnen: es waren meist selbst verurteilte Sträflinge. Diejenige, welche in unserem Block kommandierte, war zu lebenslänglichem Zuchthaus verurteilt. Sie hatte ihre beiden Eltern umgebracht.

Bei uns machten zahlreiche junge Aufseherinnen ihre Lagerschule. Sie lernten, wie man weibliche Gefangene behandeln mußte. Diese Aufsichtsschülerinnen waren gewöhnlich Deutsche; aber es gab auch zahlreiche Frauen aus annektierten Ländern: Rumänien, Holland, Griechenland, Tschechoslowakei. Diese Frauen waren zwangsweise eingestellt.

Einmal fehlten den deutschen Behörden SS-Frauen. Man rekrutierte sie daher zwangsweise aus den Fabriken, ohne ihnen auch nur die Zeit zu lassen, ihre Familien zu benachrichtigen; sie wurden ins Lager gebracht, wo sie in Gruppen jeweils zu 50 eingeteilt wurden. Eines Tages machte man einen Versuch mit ihnen; man brachte sie vor eine willkürlich ausgesuchte Internierte und befahl den 50 neuen SS-Frauen, sie zu schlagen. Ich erinnere mich, daß von mehreren Gruppen von SS-Frauen nur drei nach dem Grund fragten und nur eine sich weigerte, es zu tun, was ihr übrigens selbst Gefängnis eintrug. Alle anderen gewöhnten sich rasch an diese Beschäftigung, wie wenn sie sie immer ausgeübt hätten.

Jeder Block von 300 bis 400 deportierten Frauen war von einer Blokkowa oder Stubowa befehligt.

Sie hatten ebenfalls das Recht über Leben oder Tod ihrer Blockkameradinnen. Ich habe selbst gesehen und gehört, wie eine von ihnen einem armen Mädchen, das sich ein schönes Paar Stiefel verschafft hatte, sagte: Gib mir deine Stiefel, oder ich schicke dich mit dem nächsten Schub ins Krematorium; was sie auch im Weigerungsfalle ohne zu zögern getan hätte.

Das war im allgemeinen die Mentalität dieser Blockchefs oder der Blockowa. Es fehlte ihnen an nichts: Schmuck, Pelze, Kleidungsstücke, Geld, Lebensmittel. Da viele Internierte sich um ihre Protektion bemühten, richteten sie sich so ein oder, um den deutschen Ausdruck zu gebrauchen, ‹organisierten sie sich›, um sich das zu verschaffen, wonach Lust und Begehren ihrer Blockführer oder Blockowa stand.

Ich habe gesehen, wie eine Kameradin von den SS-Frauen mit einem Ledergürtel geschlagen wurde.

Es gab eine SS-Frau, eine gemeine Verbrecherin, die ganz besonders brutal war (sie hatte ihren Mann ermordet); sie schlug und ohrfeigte viele Frauen in brutaler Weise, und als ich mich einmal umdrehte, um meine Kameradinnen zu sehen, ohrfeigte sie mich sehr brutal und gab mir einen Fußtritt in den Bauch.

Eines Tages erhielt ich einen meisterlichen Faustschlag von der ‹grünen Stute›, weil mein Schuhzeug nicht geschnürt war.

Wir hatten sie die ‹grüne Stute› genannt wegen ihrer vorstehenden Zähne: Sie verstand es besonders gut, einem einen Faustschlag mitten auf die Lippen zu versetzen, der einem den Kiefer oder die Zähne einschlug.

Eine andere Oberherrin hatten wir, die uns stets mit ihrem Revolver bedrohte; wir nannten sie «die Tierbändigerin», eine andere nannten wir den ‹Eber›. Alle diese Frauen kamen aus den Lagern der Hitlerjugend, wo sie eine Spezialausbildung erhalten hatten. Sie wurden selbst sehr streng behandelt.

Oft amüsierten sich die SS-Frauen damit, sich gegenseitig die brutalste Art zu zeigen, in der sie die internierten Frauen behandelten. Man rief eine Internierte, und mitten im Atelier wurde sie von einer der SS-Frauen niedergeschlagen. Eine von ihnen, die klein war, stieg sogar auf einen Tisch, um so mit ihren Füßen die Brust der Internierten zu erreichen, die sie aus vollen Kräften stieß.

Die ‹Lageracerca› war eine magere, widerwärtige Megäre. Sie zeichnete sich durch ihren Sadismus und ihre sexuelle Perversität aus; sie war halb verrückt. Beim Morgen- oder Abendappell suchte sie unter den erschöpften und abgemagerten Frauen die schönste aus, die noch mehr oder weniger einen menschlichen Anblick bot, und peitschte sie ohne jeden Grund auf die Hände. Wenn das Opfer zusammenbrach, so schlug die Lageracerca es zwischen die Beine, zuerst mit ihrer Peitsche, dann mit ihren genagelten Stiefeln. Gewöhnlich ließ die Frau eine blutige Spur hinter sich. Nach ein oder zwei derartigen Mißhandlungen wurde die Frau krank und starb kurz darauf.

Eine Frau wurde auf die Denunziation einer deutschen Internierten hin in den Block der zum Tode Verurteilten geschickt, weil sie einer Jüdin Wasser gegeben hatte.

Die Zahl der Aufseherinnen nimmt zu; die Mißhandlungen gehen damit Hand in Hand. Sie wetteifern darin, am stärksten zu hauen, am wildesten zu stoßen.

Die jungen Mädchen wurden ausgepeitscht. Sie erhielten 30 Peitschenhiebe auf das nackte Gesäß. Dieser Akt vollzog sich in Gegenwart des Lagerchefs, eines Arztes und der Oberaufseherin.

Wir wurden auch von SS-Frauen beaufsichtigt, die uns aus nichtigem Anlaß schlugen. Einige waren besonders niederträchtig. Wir bezeichneten sie mit folgenden Namen: Panther, Raubtier, Mops, Chinesin und dicke Kuh.

Wenn einige unserer Kameradinnen manchmal ohne Erlaubnis auf den Abort gingen, wurden sie beim Zurückkommen wild geschlagen.

Ich sah eine Arbeiterin, deren Stirn durch eine SS-Frau aufgespalten worden war, die sie gegen eine Nähmaschine geschleudert hatte, lediglich weil sie sprach.

Ich sah SS-Frauen weibliche Häftlinge mit der Peitsche schlagen, bis der Tod eintrat.

Ich sah auch von den Fenstern meines Kommandos aus die Erschießung von einem Dutzend polnischer Partisanen, und die uns bewachenden SS-Frauen verboten uns, über das Gesehene zu sprechen.

Außerdem hatten unsere Offizierinnen besondere Neigungen und genierten sich keineswegs, sich auf den benachbarten Bettgestellen mit den Zigeunerinnen zu vergnügen, die deshalb eine Vorzugsbehandlung genossen.

Gleich nach dem Frühstück werden alle Barackeninsassen versammelt und in Gruppen zum Abort geführt. Diese Erlaubnis wird einmal pro Tag erteilt. Die Frauen, die beim Urinieren in der Umgebung der Baracke ertappt werden, werden mit 10 bis 25 Knüppelschlägen je nach ihrer Konstitution bestraft. Oft sahen wir, wie diese Unglücklichen durch SS-Frauen aus diesem Grund so heftig geschlagen wurden, daß einige Stunden danach der Tod eintrat.

Wenn die Ruhr einen zwang, nachts hinauszugehen, so war es eine unmögliche Expedition, bis zum Abort zu gehen. Das Lager war natürlich bedeckt mit Exkrementen, und wenn eine Frau den Abort nicht mehr erreichen konnte und dabei von einer Wächterin oder Aufseherin überrascht wurde, so bedeutete das furchtbare Stockprügel.

Oftmals mußte ich sogar Kameradinnen, die ohnmächtig geworden waren oder gerade einen epileptischen Anfall hatten, zum Appell bringen; wir mußten sie neben uns auf die Erde legen und durften uns nicht um sie kümmern. Ich erhielt mehrmals Faust- und Knüppelschläge der (deutschen oder polnischen) Polizistinnen oder Wächterinnen, weil ich mich um Frauen angenommen hatte, die sich in einem epileptischen Anfall im Schmutz wälzten.

Beim ersten Appell war eine Freundin von mir krank. Sehr naiv, ging ich zu unserer ‹Blockowa› und fragte sie: ‹Verzeihen Sie die Störung, aber eine Freundin von mir ist sehr krank, kann sie nicht vom Appell befreit werden?› Sie antwortete: ‹Hier gehen auch die Sterbenden zum Appell.›

Eines Tages kamen deutsche Pflegerinnen ins Lazarett, Block 10, und fragten: ‹Welche unter euch schlafen nicht?› Viele junge Frauen hoben die Hand. 18 erhielten eine mehr oder weniger starke Dosis eines weißen Pulvers, dessen Zusammensetzung wir nicht kannten, das wir aber für ein Morphiumprodukt hielten. Von den 18 sind am nächsten Morgen zehn gestorben. Es war zweifellos ein Experiment.

In einem anderen Lager machten sie mit ganzen Blöcken Versuche, vor allem an alten Frauen. Die Frauen erhielten ein weißes Pulver, und am nächsten Tag gab es 60 bis 70 Leichen.

Als einmal eine Internierte sich in die elektrisierten Stacheldrähte gestürzt hatte, um einer SS-Frau zu entgehen, die sie mit Schlägen überhäufte, ließ letztere die anderen internierten Frauen vor der Leiche vorbeiziehen und fragte: ‹Wer ist die nächste?›

Eine meiner Kameradinnen, die mit ihrer Mutter und ihrer Tochter, die sie auf ihrem Arm trug, weggefahren war, wollte beim Aussteigen aus dem Zug ihr Strumpfband befestigen. Sie übergab daher das Kind ihrer Mutter für einige Minuten. Während sie sich das Strumpfband befestigte, waren ihre Mutter und ihr Kind weit von ihr weg abgetrieben worden. Sie wollte ihnen nachgehen, erhielt aber von der Aufseherin einen solchen Stockschlag, daß sie ohnmächtig wurde und erst im Lager wieder aufwachte, wo sie das Los ihrer Mutter und ihres Kindes erfuhr.

Brutal stoßen sie uns in einen großen Saal zu den Duschen. Wir kommen jeweils zu fünf Frauen herein, und jede von uns wird sehr gründlich durchsucht. Ich sage absichtlich ‹gründlich›, denn man untersucht uns bis auf den Grund der Vagina. Die SS-Frauen führen die Vagina-Untersuchung von einer zur anderen durch, ohne sich die Hände zu waschen, selbst an den ganz jungen Mädchen, in Gegenwart der SS-Männer und der Hunde, die auf die nackten Gefangenen losspringen, wenn sie sich rühren.

Eine SS-Frau tötete eine kleine Französin, indem sie ihr Wasser zu trinken gab, so lange, bis sie keines mehr schlucken konnte. Sie warf sie hin, um sie mit Tritten ihres Stiefelabsatzes dazu zu bringen, das Wasser auszubrechen; sie schlug sie so, bis das Blut herausspritzte.»

Die Täterinnen sind keine anonymen Monster – sie sind Frauen, Menschen aus Fleisch und Blut mit Namen, Gesichtern, Biographien…

Hermine Ryan-Braunsteiner[58]:

Hermine Braunsteiner wurde 1919 als jüngstes von sieben Kindern in Wien geboren. Der Vater, gelernter Metzger, arbeitete als Brauereikutscher, die Mutter mußte mit Wäschewaschen dazuverdienen. Familie Braunsteiner lebte in einer Dreizimmerwohnung, war streng katholisch, unpolitisch und führte ein «gutes Familienleben». Der Vater starb früh an Speiseröhrenkrebs. Die Mutter erhielt keine Rente. Hermine, die gerne Krankenschwester geworden wäre, mußte deshalb sofort nach dem Besuch der Volksschule arbeiten; zunächst im Haushalt der

Familie, dann, noch als Minderjährige, in Stellung als Stubenmädchen und später als Köchin. Sie verdiente nur wenig. Trotzdem unterstützte sie ihre Familie mit Geld und Lebensmitteln. Mitte der dreißiger Jahre versuchte sie ihr Glück im Ausland, Holland zunächst, dann England. Aus Angst, im Kriegsfall als Deutsche in England interniert zu werden, kam sie nach Wien zurück, das mittlerweile «heim ins Reich» geholt worden war. Vom Wiener Arbeitsamt, bei dem sie sich meldete, wurde sie als Arbeiterin in eine Munitionsfabrik in der Nähe von Berlin vermittelt. Mit einer Kollegin hatte sie ein Zimmer gemietet bei einem Polizeibeamten, etwa eine Stunde Fahrt von ihrem Arbeitsplatz entfernt. Von 16 Reichsmark Monatslohn bezahlte sie 5 Mark Miete und 4,60 Mark Fahrgeld, und immer noch unterstützte sie ihre Mutter in Wien.

«Wie ein Geschenk des Himmels muß der gerade zwanzigjährigen Hermine der Vorschlag ihres Vermieters vorgekommen sein, sich als Aufseherin in das nahe gelegene Konzentrationslager Ravensbrück zu melden. Der Polizeimeister hatte ihr die Vorteile dieser Arbeit unter anderem dadurch schmackhaft zu machen gewußt, daß er auf die 60 Reichsmark hinwies, die sie sofort verdienen würde, bei freier Kost und Logis.»

Von Ravensbrück wurde sie nach Majdanek versetzt, wo sie sich sehr schnell zu einer der bekanntesten und berüchtigtsten Aufseherinnen entwickelte. Dabei war ihr Einstieg in die Lagerkarriere eher zufällig, wie auch bei den meisten der anderen Aufseherinnen, die später im Majdanek-Prozeß angeklagt wurden: «Schlecht informiert und aus kleinen Verhältnissen kommend, hatten sie sich mit einem Job abgefunden, der ganz im Sinne der Machthaber war. Ihr späteres Verhalten dann zeigte erst deutlich ihre Einstellung, die jede einzelne sich im Verlauf ihres Lageraufenthaltes zu eigen gemacht hatte.»

Im späteren Majdanek-Prozeß sagte Hermine Braunsteiner aus, sie sei von den fünfzehn Monaten ihres Aufenthalts im Lager acht Monate krank gewesen und habe versucht, entlassen zu werden. Als Antwort auf ihr Entlassungsgesuch «will sie jedoch den Bescheid bekommen haben, dies sei nur möglich, wenn sie ein Kind erwarte. Und damit konnte sie nicht dienen. Ein Kind, das konnte sie ihr Leben lang nicht bekommen. So schickte sie sich denn in den Zeiten, in denen sie weder im Lazarett noch in Kur war, gar nicht so schlecht in die Zustände dieses Lagers. Stieg nach kurzer Zeit zur Stellvertreterin der Oberaufseherin Elsa Ehrich auf, war mit ihr befreundet, teilte mit ihr die Stube und aß gar mit ihr zusammen im Offizierskasino. Für ihre besonderen Verdienste in dieser Zeit wurde sie von den Nazis mit dem Kriegsverdienstkreuz 2. Klasse ausgezeichnet. Zusammen mit Frau Ehrich und der Aufseherin Mandel, die beide nach dem Krieg in Polen zum Tode verurteilt worden sind.»

Im Prozeß wird sie von 63 Überlebenden, die nach Düsseldorf angereist kamen, erkannt. Sie erinnerten sich, «daß die damalige Hermine Braunsteiner sich nicht nur nicht zähneknirschend in ihr Lubliner Leben schickte, sondern aktiv Hand anlegte, um die dort Inhaftierten zu quälen und zu töten». Ihren Spitznamen, «Kobyla, die Stute», erhielt sie, weil es ihre Angewohnheit war, «Häftlinge mit eisenbeschlagenen Stiefeln zu treten».

Eine Überlebende erinnerte sich gut an den folgenden Vorfall: «Ein Mann trug bei seiner Ankunft in Majdanek ein kleines Kind, das gerade erst laufen konnte, in einem Rucksack auf dem Rücken. Dieser Mann versuchte nun bei der Trennung von Männern und Frauen, sein Bündel unbemerkt bei sich zu behalten. Doch das Kind im Rucksack bewegte sich, die Stute bemerkte es und begann, unbarmherzig auf die Tasche einzupeitschen. Und auch, als der Mann den Rucksack heruntergenommen, das weinende Kind ausgestiegen war, hörte die Aufseherin nicht auf, nun auf beide – Mann wie Kind – mit der Peitsche einzuschlagen.»

Mitte Januar 1944 wurde Hermine Braunsteiner befördert und versetzt: Im Lager Genthin erhielt sie die Oberaufsicht über vierzehn SS-Frauen. Tränen hat sie nur, als sie dem Gericht schildert, wie sie beim Herannahen der Roten Armee gemeinsam mit anderen SS-Leuten floh: «Wie diese kleine Gruppe Nazis plötzlich auf der Flucht in Ermangelung anderer Opfer begann, sich gegenseitig zu zerfleischen: Wie SS-Männer über eine Notbrücke die Elbe überquerten, den begleitenden Frauen die Benutzung dieser Brücke jedoch verwehrten. Wie Panik entstand unter den Zurückgebliebenen am östlichen Ufer, bis die Frauen dann selbst ein Floß bauten und unter furchtbaren Ängsten den Fluß überquerten.»

Im Herbst 1945 ist sie zurück bei der Mutter im amerikanischen Sektor von Wien. Sie wird zum erstenmal verhaftet, von der österreichischen Polizei den britischen Behörden übergeben, nach einem Jahr jedoch wieder entlassen. Eine zweite Verhaftung erfolgte 1948, und im November 1949 wird sie in Wien zu drei Jahren schweren Kerkers verurteilt. «Weil sie in Ravensbrück Häftlinge in einen qualvollen Zustand versetzt und durch die Tat Menschenwürde und die Gesetze der Menschlichkeit gröblich verletzt und Häftlinge unter Mißachtung der Menschlichkeit gewalttätig behandelt hatte. Freigesprochen wurde sie dagegen mangels schlüssiger Schuldbeweise von dem Vorwurf, Häftlinge in Majdanek gekränkt, beleidigt, gewalttätig behandelt und gequält zu haben.» Da ihr die Untersuchungshaft angerechnet wird, ist sie bald wieder frei.

Sie lernt ihren späteren Ehemann kennen, wandert zunächst nach Kanada und dann in die USA aus, «taucht unter im Alltag einer normalen Ehe- und Hausfrau», bis sie für den Majdanek-Prozeß aufgespürt wird. Sie wird zu lebenslanger Haft verurteilt. In der Urteilsbegründung heißt es: «Der auffälligste Charakterzug der Angeklagten bestand in ihrem persönlichen beruflichen Ehrgeiz.»[59]

Dr. Herta Oberheuser[60]:

Herta Oberheuser wurde 1911 in Köln geboren. Sie studierte Medizin in Bonn und Düsseldorf und promovierte 1937. Seit 1935 war sie Mitglied des BDM, ab 1937 Mitglied der NSDAP und des NSD-Ärztebundes. 1940, sie war mittlerweile Fachärztin für Haut- und Geschlechtskrankheiten, meldete sie sich freiwillig als Lagerärztin für das Frauen-Konzentrationslager Ravensbrück.

Dort hatte man mit Sulfonamid- und Transplantationsexperimenten begonnen. Nach einer Vorserie an 15 männlichen Häftlingen, die nicht zu Tode kamen, wurden die Versuchsbedingungen derart verschärft, daß mit Sicherheit tödliche Komplikationen eintreten würden. Von diesem Stadium an wurden bevorzugt polnische Frauen als Opfer ausgewählt. «Oberheuser hat die Rahmenbedingungen organisiert. Sie wählte die Versuchskandidatinnen aus und untersuchte sie auf ihren

Gesundheitszustand; sie assistierte bei den Eingriffen; sie überwachte die Nachversorgung. Herren des Geschehens waren die Operateure: Gebhardt, Fischer und dessen Kollegen aus Hohenlychen... Oberheuser setzte die planvolle Nichtversorgung der gequälten Versuchsopfer selbst dann noch durch, wenn die übrigen männlichen Lagerärzte das Ansehen dieser Qual nicht mehr psychisch aushielten... Die Lagerärzte zogen es vor, unheilbar sich geworden Opfer auf eine im Vergleich zu Oberheusers Vorgehen weniger grausame Art zu ermorden. Während Oberheuser mit Eiseskälte über den korrekten Ablauf der Experimente wachte, trachteten ihre männlichen Kollegen danach, möglichst rasch wissenschaftlichen Nutzen und Erfolg aus den Versuchsreihen zu ziehen. Auf der Dritten Ost-Tagung der Beratenden Kliniker berichteten Gebhardt und Fischer im Mai 1943 vor einem Auditorium von 200 Ärzten, darunter Ferdinand Sauerbruch, unverstellt über ihre Ravensbrücker Versuchsserien. Der Nachweis war erbracht, daß der radikale septisch-chirurgische Früheingriff durch die Chemotherapie nicht zu ersetzen war...»

Die männlichen Kollegen machten Karriere. Herta Oberheuser aber, «die eine so entscheidende Rolle bei den schrecklichen Versuchsserien spielte, hatte wissenschaftlich keinen sichtbaren Vorteil davon. Zu ihrem Weltbild gehörte es, für Männer dienend tätig zu sein. In dieser Funktion hatte sie entscheidend dazu beigetragen, den Widerstand der im Untergrundkampf erfahrenen Polinnen von Ravensbrück zu brechen. Ihre Rolle kam nirgends zur Sprache, schon gar nicht in den Referaten der Kollegen. Die scheinbare Selbstverständlichkeit ihres nachgeordneten weiblich-ärztlichen Tuns an der Seite der SS-Chirurgie hat bis heute verdeckt, welch ungeheuerliche Konfrontation sich in Ravensbrück zwischen einer Täterin und 60 weiblichen Opfern ereignet hatte.»

Herta Oberheuser wurde im Oktober 1946 im Nürnberger Ärzteprozeß zusammen mit 23 Männern angeklagt und im August 1947 zu 20 Jahren Haft verurteilt. Im Urteil hieß es: «Oberheuser war über Wesen und Zweck des Versuchs wohl unterrichtet. Sie half in der Auswahl der Versuchspersonen, untersuchte sie ärztlich und bereitete sie auch sonst für die Operation vor. Sie war bei den Operationen im Operationssaal anwesend und assistierte dabei. Gehorsam arbeitete sie mit Gebhardt und Fischer nach Beendigung jeder Operation dadurch zusammen, daß sie die Patienten absichtlich vernachlässigte, damit die den Versuchspersonen zugefügten Wunden den Höchstgrad der Infektion erreichen sollten. – Die Zeugin Zofia M., eine Röntgenassistentin im Lager Ravensbrück, hat ausgesagt, daß unter den Versuchspersonen Todesfälle eingetreten seien. Die meisten dieser Todesfälle hätten durch gehörige nachoperative Pflege oder Behandlung oder durch Amputation stark infizierter Gliedmaßen verhindert werden können. In diesem Fall, dem der Krystyna D., wurden kleine Knochenteile aus beiden Beinen der Versuchsperson herausgeschnitten. Die Zeugin M. sagte aus, daß sie auf dem Gipsverband der Patientin gelesen habe, daß an einem Bein die Knochenhaut zurückgelassen und bei dem anderen Bein die Knochenhaut zusammen mit dem Knochen entfernt worden sei. Da sie der Meinung war, daß der Zweck des Versuchs die Prüfung der Knochen-Erneuerung gewesen sei, fragte die Zeugin die Angeklagte Oberheuser: ‹Wie erwarten Sie Knochen-Erneuerung, wenn die Knochen mit der Knochenhaut entfernt werden?› Darauf antwortete die Angeklagte: ‹Das ist ja gerade, was wir prüfen wollen.› – In wenigstens einigen Versuchen wurden nicht einwilligende Nicht-Deutsche eingesetzt. Viele von ihnen starben als Ergebnis des Versuchs. Soweit diese begangenen Verbrechen nicht Kriegsverbrechen waren, stellten sie Verbrechen gegen die Menschlichkeit dar.»

Herta Oberheuser wurde nach sieben Jahren aus der Haft entlassen – wegen «guter Führung». Sie eröffnete eine Privatpraxis, die erst aufgrund von Protesten der Arbeitsgemeinschaft ehemaliger Ravensbrückerinnen und dem breiten Echo, das diese in der internationalen Presse fanden, geschlossen wurde.

Zwei Täterinnen von Tausenden. Die meisten von ihnen standen nie vor Gericht. Was ist aus den Ehefrauen der SS-Wachmannschaften geworden, von denen Überlebende Zeugnis abgaben?

«Die Frau des Kommandanten pflegte jeden Tag auszureiten. Wenn ein Internierter sie nur anzublicken wagte, notierte sie seine Nummer. Der Internierte wurde sofort in den Kerker geworfen, erhielt 25 Stockschläge und wurde manchmal umgebracht...»[61]

Es ist die Frau eines der SS-Offiziere, die diese Mode lancierte: Jeder tätowierte Gefangene wurde zu ihr gebracht; wenn sie die Tätowierung nach ihrem Geschmack fand, wurde der Gefangene getötet und ihm die Haut abgezogen. Die Haut wurde gegerbt und zu «Erinnerungsgegenständen» (Lampenschirme, Wandbezüge, Bucheinbände usw.) verarbeitet. Es wurden offensichtlich 40 Beispiele dieser künstlerischen Produkte durch den Oberleutnant Walter F. Emmos gefunden. Und wir selbst sahen sechs solcher Beispiele im Generalstab des Lagers, darunter einen Lampenschirm.[62]

Zuschauerinnen, Gafferinnen

Wer hätte je die namenlosen Gafferinnen zur Verantwortung gezogen, Frauen und Mütter, die mit ihren Kindern auf dem Arm Pogromen und Massenexekutionen Beifall klatschten? Wie zum Beispiel in Kowno am 27. Juni 1941: «Auf der Fahrt durch die Stadt kam ich an einer Tankstelle vorüber, die von einer dichten Menschenmenge umlagert war. In dieser befanden sich auch viele Frauen, die ihre Kinder hochhoben oder, um besser sehen zu können, auf Stühlen und Kisten standen. Der immer wieder aufbrausende Beifall – Bravo-Rufe, Händeklatschen und Lachen – ließ mich zunächst eine Siegesfeier oder eine Art sportliche Veranstaltung vermuten... Näher retend aber wurde ich Augenzeuge wohl des furchtbarsten Geschehens, das ich im Verlaufe von zwei Weltkriegen gesehen habe. – Auf dem betonierten Vorplatz dieser Tankstelle stand ein mittelgroßer, blonder und etwa 25jähriger Mann, der sich gerade ausruhend auf einen armdicken Holzprügel stützte, der ihm bis zur Brust reichte. Zu seinen Füßen lagen etwa 15 bis 20 Tote oder Sterbende. Aus einem Wasserschlauch floß ständig Wasser und spülte das vergossene Blut in einen Abflußgully. Nur wenige Schritte hinter diesem Manne standen etwa 20 Männer, die – von einigen bewaffneten Zivilisten bewacht – in stummer Ergebenheit auf ihre grausame Hinrichtung warteten. Auf einen kurzen Wink trat dann der nächste schweigend vor und wurde auf die bestialischste Weise mit dem Holzknüppel zu Tode geprügelt, wobei jeder Schlag von begeisterten Zurufen seitens der Zuschauer begleitet wurde...»[63]

Zwei Tage zuvor, am 25. Juni 1941, wurde ein Fotograf Zeuge eines ähnlichen Verbrechens, und wieder waren Frauen unter den Zuschauern: «…Nachdem alle erschlagen waren, legte der Junge die Brechstange beiseite, holte sich eine Ziehharmonika, stellte sich auf den Berg der Leichen und spielte die litauische Nationalhymne… Das Verhalten der anwesenden Zivilpersonen (Frauen und Kinder) war unwahrscheinlich, denn nach jedem Erschlagenen fingen sie an zu klatschen, und bei Beginn des Spiels der Nationalhymne wurde gesungen und geklatscht. Es standen Frauen in der vordersten Reihe mit Kleinkindern auf den Armen, die den ganzen Vorgängen bis zum Ende beigewohnt haben…»[64]

Nicht nur in Kowno, auch andernorts, zum Beispiel in Shitomir im Juli 1941: «Als wir schließlich den Bahndamm erklettert hatten, bot sich jenseits dieses Dammes ein Bild, dessen grausame Abscheulichkeit auf den unvorbereitet Herantretenden erschütternd und abschreckend wirkte. In die Erde war ein etwa sieben bis acht Meter langer, vielleicht vier Meter breiter Graben eingezogen, dessen aufgeworfene Erde auf der einen Seite aufgeschichtet war. Diese Aufschichtung und die darunterliegende Grabenwand war vollständig mit Strömen von Blut besudelt. Die Grube selbst war mit zahlreichen, schwer abzuschätzenden menschlichen Leichen aller Art und jeden Geschlechts erfüllt, so daß ihre Tiefe nicht geschätzt werden konnte. Hinter dem aufgeschütteten Wall stand ein Kommando Polizei, das von einem Polizeioffizier befehligt wurde. Die Uniformen dieses Kommandos wiesen Blutspuren auf. In weitem Umkreis ringsherum standen unzählige Soldaten dort bereits liegender Truppenteile, teilweise in Badehosen, als Zuschauer, ebenso zahlreiche Zivilisten mit Frauen und Kindern…»[65]

Spitzel und Denunziantinnen

Den Hinweis, daß Spitzel- und Denunziantentum eine besonders von Frauen praktizierte Art der Komplizenschaft gewesen sei, erhielt ich von einer Freundin, einer jüdischen Überlebenden des NS-Regimes. In der Literatur war das bisher kein Thema, und meines Wissens wurde dazu noch keine systematische Auswertung von Dokumenten vorgenommen. So wissen wir zum Beispiel nicht, ob und wie viele der rund 30000 Spitzel, die dem Sicherheitsdienst der SS zuarbeiteten, Frauen waren. Mit Hilfe ihres umfassenden Netzes an Spitzeln, Mittel- und V-Leuten erstellte dieses «Meinungsforschungsinstitut der Diktatur» regelmäßig geheime Lageberichte über die Stimmung im Volk. Gelegentlich drängt sich beim Lesen der «Meldungen aus dem Reich» aus den Jahren 1938 bis 1945 jedoch der Verdacht auf, hinter manchen von ihnen könnten Frauen stecken, zum Beispiel hinter dem Bericht zum «Zeitgeschehen und seinen Auswirkungen auf Stimmung und Haltung der Frauen» oder wenn es um das «unmoralische Verhalten deutscher Frauen» geht.[66] Einen Beweis jedoch finden wir im «Bericht zur innenpolitischen Lage» vom 22. November 1939. Darin heißt es: «In Aachen mußte eine Jüdin festgenommen werden, weil sie Mitbewohner*innen* ihres Hauses in frecher Weise beschimpfte und politisch abfällige Äußerungen gebraucht hatte. In Karlsruhe wurde eine Jüdin festgenommen, die nach Besuch einer Kulturveranstaltung der NS-Gem. ‹Kraft durch Freude› eine Künstler*in* belästigte und Dr. Goebbels beschimpfte.»[67] Da diese Art der Berichterstattung in den «Meldungen» nicht konsequent durchgehalten wird, fürchte ich, es handelt sich bei diesen Beispielen nur um die Spitze eines Eisberges.

Eifersüchtige und Neiderinnen

1974 begann der französische Autor, Journalist und Filmemacher Claude Lanzmann mit einer Dokumentation über die Judenvernichtung im Dritten Reich. Zwölf Jahre lang spürte er Augenzeugen auf, befragte sie – Opfer, Täter, ZuschauerInnen. Das Ergebnis seiner Recherchen: Shoah, ein neunstündiger Dokumentarfilm. In Chelmo, dem früheren «Kulmhof», interviewt er eine Gruppe von Frauen. Vierzig Jahre nach den grauenvollen Ereignissen entspinnt sich das folgende Gespräch:

«Die Dame sagt, daß die Jüdinnen sehr schön waren.
Die Polen schliefen sehr
gern mit den Jüdinnen.

Sind die polnischen Frauen froh darüber,
daß es heute keine jüdischen Frauen mehr gibt?

Sie sagt, daß...
die Frauen, die jetzt im selben Alter sind wie sie,
auch gern geliebt haben, basta.

Und die jüdischen Frauen waren eine Konkurrenz?

Die Polen liebten die kleinen Jüdinnen,
das ist verrückt, daß sie sie geliebt haben.

Vermissen die Polen die kleinen Jüdinnen?

Natürlich, so schöne Frauen! Natürlich!

Warum? Inwiefern waren sie denn schön?

Also,
sie waren schön, weil sie nichts taten.
Die Polinnen dagegen arbeiteten.
Die Jüdinnen machten nichts, sie dachten nur
an ihre Schönheit, zogen sich gut an.

Die jüdischen Frauen arbeiteten nicht?

Sie taten überhaupt nichts.

Warum nicht?

Sie waren reich.
Sie waren reich, und die Polen mußten sie bedienen
und arbeiten.

Ich habe das Wort ‹Kapital› gehört.

Sie hatten... nun ja, es gab Kapital, das in den Händen
der Juden war.

O ja, aber das hast du nicht übersetzt.
Stell der Dame die Frage noch einmal.
Befand sich das Kapital in den Händen der Juden?

Ganz Polen war in den Händen der Juden.» [68]

Auf diese Sequenz des Films hin angesprochen, sagte der Autor des Films in einem Gespräch mit Heike Hurst im Juli 1985: «...Das ist die reine Wahnvorstellung, eine absolute Lüge. Ja, es gibt andere Äußerungen in dieser Richtung. Das ist deshalb so unbegreiflich, weil es in Wirklichkeit genau umgekehrt war. In den kleinen Dörfern lebten die Juden oft im schlimmsten Elend. Ein Beweis dafür sind die Bemühungen der Juden aller Zeiten, in den Westen auszuwandern. Alle großen Auswanderungsbewegungen gehen von Ost nach West. Denken Sie zum Beispiel an Lodz. Lodz, das polnische Manchester, war die Wiege des jüdischen Proletariats. Die Juden dort lebten in schwärzester Armut. Es gab zwei, drei reiche jüdische Industrielle, aber in der Mehrzahl waren die Reichen Deutsche. Nicht deutsche Juden, sondern reiche Deutsche.»[69]

Kann es sein, daß Neid, Sexualneid Frauen dazu bringt, selbst Mord, Völkermord zu billigen? Kann es sein, daß dieses Motiv so stark war, daß es überlebt und selbst vierzig Jahre später noch scheinbar ungebrochen zutage tritt? Kann es sein, daß Menschen, Frauen, in der Konfrontation mit der historischen Wahrheit derart störrisch, unbeirrbar und unbelehrbar an ihrer verdrehten privaten Sicht der Dinge festhalten – nur weil sie einmal – tatsächlich oder vermeintlich – verletzt wurden?

«Jedes Opfer verweist auf einen Mörder»

(Jean Ziegler)

Von den allein über sieben Millionen Häftlingen der Konzentrationslager, Frauen, Männer, Kinder, Juden, Sinti, Roma, Polen, Russen... Widerstandskämpfer, Kommunisten, Sozialdemokraten, Katholiken, Protestanten, Zeugen Jehovas, Homosexuellen, Prostituierten, Kriminellen... überlebten etwa 530000 Menschen. Nicht mitgerechnet die Opfer des Krieges, nicht mitgezählt die außerhalb der Lager Ermordeten wie in Kowno oder Shitomir... Nach Kriegsende wurden rund 80000 Verfahren gegen Nazi-Verbrecher eingeleitet. Davon wurden

6215 mit einem rechtskräftigen Urteil abgeschlossen, viele davon ende-
ten mit Freiheitsstrafen zwischen zwei und fünf Jahren. Rund 70 Prozent der Urteile fallen in die Zeit der alliierten Rechtsprechung. 303
Angeklagte wurden des vorsätzlichen Mordes schuldig befunden.[70]

Anmerkungen

1 Ingke Brodersen, Klaus Humann, Susanne von Paczensky, Vorwort zu 1933:
 Wie die Deutschen Hitler zur Macht verhalfen, Reinbek 1983
2 Peggy Parnass: Meine Tante Flora; in: Kein schöner Land?, Reinbek 1980,
 21.–30. Tsd., S. 181 f
3 Alle Zahlen und Daten, soweit nicht anders gekennzeichnet, nach Renzo Vespignani: Faschismus, hrsg. von der Neuen Gesellschaft für Bildende Kunst und
 dem Kulturamt Kreuzberg, Berlin 1976
4 Christian Zentner: Deutschland 1870 bis heute, Stuttgart/Hamburg 1970, S. 291
5 Annemarie Tröger: Die Dolchstoßlegende der Linken: «Frauen haben Hitler an
 die Macht gebracht», in: Frauen und Wissenschaft, Beiträge zur Berliner Sommeruniversität für Frauen, Juli 1976, Berlin 1977, S. 329 f
6 Adele Schreiber im «Monistischen Jahrhundert» vom August 1914; Adele
 Schreiber, 1914–1918 Referentin beim deutschen Verwaltungschef für Flandern,
 also aktive Besatzerin, wurde Mitglied der sozialdemokratischen Fraktion des
 Deutschen Reichstags von 1920–24 und wieder ab 1928, bewies sich später als
 überzeugte Antifaschistin, emigrierte und wurde Mitglied des Londoner Komi-
 tees der Freien Deutschen in der Zeit des Dritten Reiches.
7 Vgl. Hiltraud Schmidt-Waldherr: Pervertierte Emanzipation, in: Frauen und
 Macht, hg. v. Barbara Schaeffer-Hegel, Pfaffenweiler 1988, S. 12
8 Claudia Koonz: Frauen in der NS-Bewegung, in: Frauen und Macht, a.a.O.,
 S. 54
9 Dies., a.a.O., S. 56
10 Dies., a.a.O., S. 55 f
11 Nach Schmidt-Waldherr, wie oben, S. 24 ff
12 Zit. nach Kuczinski in: Hanna Elling, Frauen im deutschen Widerstand
 1933–45, FFM, 2. Aufl., 1979, S. 14
13 Zit. bei Westenrieder, a.a.O., S. 10
14 Zit. bei Westenrieder, a.a.O., S. 10
15 Westenrieder, a.a.O., S. 14
16 Schmidt-Waldherr, a.a.O., S. 15
17 Westenrieder, a.a.O., S. 14
18 Schmidt-Waldherr, a.a.O., S. 31

19 Ebenda, S. 31
20 Zit. in Norbert Westenrieder: Deutsche Frauen und Mädchen – Vom Alltagsleben 1933–45, Düsseldorf 1984, S. 12
21 Vespignani, a. a. O., S. 13
22 Ders., a. a. O., S. 14
23 Westenrieder, a. a. O., S. 56
24 Brodersen u. a.: 1933, a. a. O., S. 17–36
25 Brodersen u. a., a. a. O., S. 90–100
26 Diess., a. a. O., S. 102–105
27 Diess., a. a. O., S. 202
28 Charlotte Beradt, zit. in Gabriele Kreis: Frauen im Exil, Düsseldorf 1984, S. 31
29 Vespignani, a. a. O., S. 60
30 Zit. in Ebbinghaus, a. a. O., S. 11
31 Kulturtagebuch 1900 bis heute, Ekkehard Böhm u. a., Braunschweig 1984, S. 358
32 Luise Ullrich: Sehnsucht, wohin führst du mich? Mein Südamerikanisches Tagebuch, Berlin 1941, S. 85
33 Meldungen aus dem Reich, Die geheimen Lageberichte des Sicherheitsdienstes der SS 1938–1945, hg. v. Heinz Boberach, Herrsching 1984, Bd. 2, S. 384
34 rororo Film Lexikon, hrsg. von Liz-Anne Bawden, Edition der deutschen Ausgabe von Wolfram Tichy, Reinbek, 29.–33. Tsd., Februar 1983, S. 140
35 Kulturtagebuch, a. a. O., 407
36 André Müller: Interviews, Hamburg 1982, S. 125
37 Kulturtagebuch, a. a. O., S. 362
38 Claudia Koonz, a. a. O., S. 53
39 Eva Mac Lean: Unser Kamerun. Ein Fahrtenbuch. Hg. v. Reichskolonialbund, München, 2. Aufl., 1940, S. 20
40 Ilse Steinhoff: Deutsche Heimat in Afrika. Ein Bilderbuch aus unseren Kolonien, hrsg. v. Reichskolonialbund, 16.–30. Tsd., Berlin 1941, ohne Seitenangabe.
41 1940: Die Rieders, 1941: Jahr der Reiterin, 1942: Der blaue Diamant
42 Zit. in Westenrieder, S. 42 f
43 A. a. O., S. 43
44 Veslemoy Kjendsli: Kinder der Schande, Berlin 1988, S. 39
45 Zit. in Westenrieder, a. a. O., S. 57
46 Ebbinghaus, a. a. O., S. 8
47 Ebenda, S. 9
48 Ebenda, S. 15 f
49 Ebbinghaus, a. a. O., S. 82
50 Ebbinghaus, a. a. O., S. 86
51 Ebenda, S. 155
52 Zitiert in Ebbinghaus, a. a. O., S. 230
53 Ebenda, a. a. O., S. 218
54 Gabriele Kreis: Frauen im Exil, Düsseldorf 1984, S. 97
55 Hanna Elling, a. a. O., S. 32
56 Elling, a. a. O., S. 24

57 Alle Zitate aus: Konzentrationslager Dokument F 321 für den Internationalen Militärgerichtshof Nürnberg, zitiert in: Renzo Vespigniani, Faschismus, hrsg. von der Neuen Gesellschaft für bildende Kunst und dem Kunstamt Kreuzberg, Berlin 1976

58 Nach Ingrid Müller-Münch: Die Frauen vom Majdanek-Prozeß, Reinbek 1982

59 Giordano, a. a. O., S. 133

60 Nach Ebbinghaus, a. a. O., S. 250 ff

61 Wie Fußnote 57

62 Wie Fußnote 57

63 Bericht eines Oberst, zitiert in: «Schöne Zeiten», Judenmord aus der Sicht der Täter und Gaffer, hg. von Ernst Klee, Willi Dreßen, Volker Rieß, 3. Aufl., Frankfurt 1988, S. 35 / 36

64 Wie oben, S. 39

65 Ebenda, S. 115

66 Meldungen aus dem Reich. Die geheimen Lageberichte des Sicherheitsdienstes der SS 1938–1945, hg. von Heinz Boberach, Herrsching 1984, Berichte vom 18. 11. 1943 (Bd. 15, S. 6025) bzw. vom 13. April 1944 (Bd. 16, S. 6481 ff)

67 A. a. O., Bd. 3, S. 482 (Hervorhebung von mir)

68 Claude Lanzmann: Shoah, München, Juli 1988, S. 123 / 124

69 A. a. O., S. 276 / 277

70 Nach Gerald L. Posner und John Ware: Mengele, The complete story, New York 1986, S. 118, zitiert bei Peter Schneider: Vom richtigen Umgang mit dem Bösen, in: Deutsche Ängste, Sieben Essays, Darmstadt 1988, S. 85

Jetztzeit

> *«Jetzt ist nur jetzt.»*
> Gabriele Wohmann

Die Flügel des Ikarus

Als *Indira Gandhi* am 19. November 1917 geboren wurde, war ihre Mutter, die achtzehnjährige Kamala Kaun, traurig, weil sie nur eine Tochter geboren hatte. Es war ein Mann, der sie zurechtwies, ihr Schwiegervater Motilal, Mitstreiter und Weggefährte Mahatma Gandhis: «Ich habe zwischen meinem Sohn und meinen Töchtern keinen Unterschied gemacht, und so ist es mir gleich, ob ich einen Enkel oder eine Enkelin habe, und jedenfalls ist dieses Mädchen mehr wert als tausend Enkel.» [1] Er konnte nicht ahnen, daß diese Enkelin in die Fußstapfen ihres berühmten Vaters Jawaharlal Nehru treten, ihn mit Siebenmeilenstiefeln überholen würde, was Machtwille, Machtstreben, ja Machtmißbrauch angeht.

Angetreten war Indira Gandhi mit dem schweren Gepäck der Tradition Gandhis und Nehrus, als sie 1967 ihren ersten großen Wahlsieg mit der Kongreßpartei erfochten hatte, 1971 konnte sie sich gar auf eine Zweidrittelmehrheit stützen. Doch warf sie nach und nach die Bürde dieser Ideale ab, entledigte sich ihrer Skrupel, entwickelte sich zur selbstherrlichen Cäsarin und verlor so das Vertrauen ihres Volkes. (Bei den Wahlen von 1977 konnte sie nicht einmal ihren eigenen Wahlkreis halten.) In einer «Orgie von Verfassungsänderungen» hob sie den mühsam gezimmerten jungen Rechtsstaat Indien aus den Angeln, legte sie die unabhängige Gerichtsbarkeit zugunsten der Willkür der Exekutive lahm, untergrub sie systematisch die in der Verfassung verankerten Grundrechte, knebelte die «Notstandsdiktatorin» jede andere Meinung. «Ihre Regierungsweise war ein Hohn auf die gandhische Grundregel von Gewaltlosigkeit und Selbstbefreiung.» [2] Die Armen und

Rechtlosen, Leibeigenen und Unberührbaren wurden von ihr nur als Stimmvieh benutzt, und die Zahl der unter dem Existenzminimum lebenden Menschen in ihrem Land verringerte sich nicht nur nicht, sondern wuchs im Gegenteil während ihrer Regierungszeit kontinuierlich an.

Eine Frau an der Spitze eines modernen Staates war zu Indira Gandhis Zeiten schon kein absolutes Novum mehr. Bereits einige Jahre vor ihrem Machtantritt hatte die Weltöffentlichkeit «verblüfft»[3] zur Kenntnis genommen, daß der «erste weibliche Premierminister asiatische Gesichtszüge trägt»[4]. In Sri Lanka, damals noch Ceylon, hatte *Sirimavo* («die Glückliche») *Bandaranaike* an der Spitze der Freiheitspartei im Sommer 1960 die Wahlen gewonnen und die Nachfolge ihres ermordeten Ehemannes im Amt des Premierministers angetreten. Obwohl sie von der Popularität ihres Mannes, einem «feurigen Nationalisten mit sozialistischer Schlagseite»[5] profitierte, mußte sie hart für den Wahlsieg arbeiten. Während des drei Monate dauernden Wahlkampfes sprach sie täglich auf durchschnittlich fünfzehn Versammlungen. So recht hatte niemand an ihren Erfolg geglaubt, auch nicht die KommentatorInnen der ausländischen Presse[6], für die sie «durchaus nicht das (war), was man im westlichen Sinne ‹emanzipiert› nennen könnte»[7].

Sirimavo Bandaranaike wurde am 17. April 1916 als älteste Tochter einer traditionell einflußreichen ceylonesischen Fürstenfamilie in der Nähe der alten Königsstadt Kandy geboren. Obwohl in katholischen Schulen erzogen, ist sie immer eine überzeugte Buddhistin geblieben. Im Oktober 1940 wurde sie mit dem Politiker Solomon West Bandaranaike verheiratet. Auch er ein Sproß der ceylonesischen Aristokratie. An seiner Seite spielte Sirimavo die traditionelle Rolle der braven Ehefrau und Mutter, die ihren Mann in seiner politischen Karriere auf ihre Weise unterstützte, mit den üblichen Repräsentationspflichten und sozialfürsorgerischen Aufgaben. Besonders am Herzen lagen ihr angeblich die Frauen. Sie übernahm die Leitung der patriotischen Frauenvereinigung Lanka Mahila Samiti, setzte sich für Familienplanung, bessere Erziehung und politische Rechte der Frauen ein. Daran hätte sich sicher wenig geändert, hätten nicht im September 1959 die Kugeln eines Attentäters ihren Mann auf der Terrasse ihres Hauses niedergestreckt.

Im weißen Trauersari trat Sirimavo nun an, die Macht im Staat zu erobern. Mit einem Sitz im Abgeordnetenhaus wollte sie sich nicht begnügen; sie bewarb sich sofort um den Posten des Ministerpräsidenten. Das war neu, und neu waren auch die Mittel, die sie einsetzte und die sich sehr von denen unterschieden, die Politkarrieristen üblicherweise anwandten: Sie trat an mit Emotionen und Tränen, die ihr im Volk den Beinamen «die weinende Witwe» eintrugen. Frau zu sein, betrachtete sie als einen Vorteil, wie sie der Londoner *Times* anvertraute.[8] Wer allerdings gehofft hatte, dies würde eine «weibliche» neue Qualität der Politik nach sich ziehen, wurde bitter enttäuscht.

Es begann damit, daß sie – machtbesessen – neben dem Amt des Premierministers gleichzeitig die Ämter des Außen- und Verteidigungs- und Planungsministers übernahm. Nebenbei versorgte sie die Familie, ihre beiden Töchter, ihren Sohn, ihren Schwiegersohn und ihre vier Brüder, mit Titeln und Posten.[9] Eine ihrer ersten Amtshandlungen war die Wiedereinführung der Todesstrafe, damit die Mörder ihres Mannes gehängt werden konnten.[10] Demonstrierende Jugendliche ließ sie brutal niederknüppeln. Zweimal, von 1960 bis 1965 und von 1970 bis 1977, war sie Premierministerin, davon sechs Jahre lang unter einem von ihr zu Unrecht verkündeten Ausnahmezustand, wie Kritiker ihr vorwerfen. Bandaranaikes politische Karriere endete schließlich (vorläufig) mit ihrer Verurteilung wegen Amtsmißbrauchs und Korruption, und es wurden ihr sogar die bürgerlichen Ehrenrechte aberkannt. Heute allerdings sitzt die 73jährige als Oppositionsführerin wieder im Parlament.[11]

Szenenwechsel. Schauplatz Philippinen. Mehr als drei Jahre liegen die dramatischen politischen Ereignisse zurück, deren Resultat weltweit zunächst Freude und Genugtuung auslöste: Eine ungewöhnliche Kombination aus Militärrevolte und Volkserhebung zwang im Februar 1986 den Langzeitdiktator und «größten Plünderer aller Zeiten», Ferdinand Marcos, außer Landes und mit ihm seine ehrgeizige und nicht weniger skrupellose Frau Imelda, den «eisernen Schmetterling».

Die Hoffnungsträgerin des «Parlaments der Straße» war eine Frau, *Corazon Aquino,* die Witwe des im August 1983 bei seiner Rückkehr aus dem amerikanischen Exil auf dem Flughafen von Manila ermordeten Oppositionspolitikers Benigno «Ninoy» Aquino. Mit der streng katholischen «Corry» wurde eine Frau als Präsidentin vereidigt, auf der wegen ihrer Integrität, Glaubwürdigkeit und klaren Reformbotschaft die Hoffnungen fast des gesamten Volkes auf grundlegende politische ökonomische und soziale Veränderungen ruhten. Der politische Kurs der ersten Monate nach ihrem Amtsantritt schien diesen Optimismus zu bestätigen. Politische Gefangene wurden freigelassen, Gespräche mit sezessionistischen Moslem-Rebellen von Mindanao aufgenommen, ein Waffenstillstand und Friedensverhandlungen mit der landesweit aktiven, linksgerichteten Guerillaorganisation «Neue Volksarmee» (NPA) vorbereitet und die Umverteilung des Bodens zugunsten von Millionen Landloser versprochen.

Doch die Euphorie währte nicht lange. Die angekündigten sozialen und wirtschaftlichen Reformen blieben aus. «People Power» erwies sich als geschickt inszeniertes Instrument der immer schon mächtigen Clans des Landes. Auch die Präsidentin entstammt einer solchen mächtigen Großgrundbesitzerfamilie, dem Cojuangco-Clan. Die Streitkräfte, die sich als Geburtshelfer der Aquino-Regierung betrachten, rückten den Militärapparat immer weiter ins Machtzentrum. Innerhalb kürzester Zeit entließ Corazon Aquino alle progressiven und liberalen PolitikerInnen ihres Kabinetts. Die kurze Episode des politischen Frühlings auf den Philippinen endete spätestens am 22. Januar 1987, als Polizisten und Soldaten auf der Mendiola-Brücke vor dem Präsidentenpalast 18 Menschen erschossen, die friedlich für eine Landreform demonstriert hatten.[12]

Seitdem werden wieder wie unter Marcos Kritiker denunziert, verleumdet, bedroht, verfolgt, und immer häufiger wird zum politischen Mord als Mittel zur Ausschaltung unliebsamer Kritiker gegriffen. Selbst kirchliche Organisationen, die sich für Folteropfer und Häftlinge einsetzen, Menschenrechtsverletzungen dokumentieren oder basisdemokratische Entwicklungen fördern, sind Repressionen ausgesetzt. Bewaffnete paramilitärische Bürgerwehren, sogenannte «CAFGUs», wurden von der Präsidentin ins Leben gerufen und terrorisieren neben Militärs, Privatarmeen reicher Großgrundbesitzer und bewaffneten Banden, den «Vigilantes», die Bevölkerung.

Die wichtigste «soziale Veränderung» durch die Regierung von Corry Aquino ist die galoppierende absolute Verarmung der Mehrheit der philippinischen Bevölkerung.[13] Die Philippinen sind heute das ärmste Land Südostasiens. Corrys großangekündigte Landreform hat nicht stattgefunden. Die Menschen versuchen verzweifelt, ihre miserablen Lebensumstände zu verbessern, indem sie sich zusammenschließen, um gemeinsam die dringendsten Probleme zu lösen.

AMIHAN ist so eine Gruppe, eine Vereinigung von Frauen auf dem Land, die auf den Inseln Mindoro, Mindanao, den Visayas und der Hauptinsel Luzon kleine Selbsthilfeprojekte betreibt. Da wird zum Beispiel Ingwertee gepflanzt, gemeinschaftlich geerntet, zu Instanttee verarbeitet, verpackt und vermarktet, kleine handbetriebene Mühlen werden angeschafft, um den Frauen die tägliche Arbeit zu erleichtern. Da es keine funktionierende Gesundheitsversorgung gibt, versuchen die Frauen, sich auf traditionelle Medizin und Methoden zu besinnen, pflanzen Heilkräuter an, unterrichten sich gegenseitig in Akupunktur. Diese aktiven Frauen sind den Vigilantes und Militärs ein Dorn im Auge. Selbsthilfe ist ihnen verdächtig, und Heilkräuter sind für sie «subversives Material». Die Frauen werden terrorisiert und verfolgt. 1987 zum Beispiel werden auf der Insel Leyte zwei Führerinnen von AMIHAN, von denen eine schwanger war, ermordet und danach noch geköpft. Vielen der Ermordeten werden die Köpfe abgeschnitten und in die Gemeindeverwaltung gebracht; jeder Kopf eines potentiellen «Terroristen» bringt dem Mörder zwischen zwei- und fünftausend Pesos. Manchmal werden die Köpfe sogar ausgestellt – zur Abschreckung.[14] Anderswo verwüsten Militärs, CAFGUs oder Vigilantes Reisfelder oder verbrennen den frisch geernteten Reis, zünden Häuser und Hütten an, konfiszieren oder töten Tiere. Unter dem Eindruck dieser Verfolgung lösten sich die AMIHAN-Gruppen auf Leyte auf.

Die Schuldigen werden kaum je zur Rechenschaft gezogen oder gar vor Gericht angeklagt. «Den Mördern geschieht nichts»[15], stellt eine Bäuerin aus Bacolod, Negros, deren Mann von Vigilantes erschossen wurde, bitter fest. Und Bischof Fortich von Negros zieht angesichts der Situation im Land den Schluß: «Die Präsidentin hat in der Menschenrechtsfrage versagt.»[16] Die aber, Corazon Aquino, pfeift weder Vigilantes noch Militärs zurück, sondern deckt sie und stellt sich hinter sie. Die Schuld für die Menschenrechtsverletzungen schiebt sie «den Kommunisten» in die Schuhe.[17]

Ellen Nurita, die Frau eines von Militärs ermordeten Moslemführers, aber läßt sich nicht einschüchtern. «Ich mache weiter», sagt sie[18], und wie sie machen Tausende anderer weiter, Männer und Frauen, die um ihr Überleben kämpfen und für eine menschenwürdige Zukunft für ihre Kinder.

Frauen an der Macht – drei Beispiele aus jüngster Zeit, drei enttäuschte Hoffnungen. Alle drei waren und verstanden sich als Erbinnen und Nachfolgerinnen von Männern: Indira Gandhi eiferte ihrem Vater nach, Sirimavo Bandaranaike und Corazon Aquino, die Witwen, ihren ermordeten Ehemännern. Alle drei entstammen der herrschenden Oberschicht, sind eingebunden in die starken Bande traditioneller Familienclans. Ihr Verständnis von Demokratie ist elitär und paternalistisch wie die Gesellschaftsschicht, der sie ungebrochen angehören. Alle drei aber waren auch mit den besten Vorsätzen angetreten. Keine ist ihren ursprünglichen Ideen treu geblieben. Keine hat versucht, zum Beispiel durch einen Rücktritt, wenigstens die persönliche Integrität zu wahren und ein Zeichen zu setzen.

Bedarf es wirklich noch anderer Beispiele? Muß noch Israels frühere Premierministerin Golda Meir genannt werden, «der einzige Mann in ihrem Kabinett», wie sie von Kritikern und Bewunderern gleichermaßen oft genannt wurde? Margaret Thatcher mit ihrer sozialen Demontagepolitik, dem Falkland- und Nordirlandkrieg, oder Benazir Bhutto, das erste weibliche Staatsoberhaupt eines islamischen Landes in diesem Jahrhundert – Pakistan war eines der ersten Länder, die gegen die Veröffentlichung von Salman Rushdies Buch «Satanische Verse» protestiert hatten. Und die bayrische Justizministerin Mathilde Berghofer-Weichner, in deren Amtszeit und mit deren ausdrücklicher Billigung in Memmingen der schmachvolle inquisitorische Abtreibungsprozeß stattfand?

Ob sie es wollen oder nicht, mit diesen zeitgenössischen Federn sind die Flügel der Protagonistinnen der «Frauen-an-die-Macht»-Forderung durchsetzt, wenn sie sich zum vermeintlichen Höhenflug an die Sonne aufschwingen, zur Macht.

«Was würden Sie ändern, wenn Sie die Macht dazu hätten?» fragte das Magazin *Stern* Leute, «die es jung zu was gebracht haben», in seiner Ausgabe Nr. 46 vom 10. November 1988, insgesamt zehn Männer und acht Frauen. Nur ein Mann, der Schauspieler Uwe Bohm, stolperte über das Wort «Macht».

Woher kommt der blinde Fetischismus «Frauen an die Macht»? Beweisen nicht die Komplizinnen, wie wir gesehen haben, daß Frauen Menschen sind aus Fleisch und Blut, die zu allem fähig sind – zum Besten und zum Schlimmsten? Daß Macht korrumpiert? Daß diese Forderung nahtlos in die heutige (Männer-)Welt paßt, in der der Kampf um Macht und Herrschaft noch immer auf der Tagesordnung steht? Daß es sich dabei also keineswegs um eine revolutionäre «feministische» Forderung handelt? Ist denen, die dies fordern, nicht klar, was Macht bedeutet? Nicht die patriarchalen Strukturen, Institutionen und Systeme zu infiltrieren, zu besetzen und schließlich zu übernehmen kann das Ziel sein, sondern sie zu bekämpfen, aufzuweichen, abzuschaffen. Macht abzulehnen, Macht abzubauen hieße, dem Patriarchat tatsächlich etwas Neues, Besseres entgegenzusetzen, nicht aber ihr atemlos hinterherzuhecheln. «Wenn wir Macht als notwendiges (und zeitlich begrenztes) Übel und nicht länger als positiven Wert per se begreifen könnten, brauchten wir nicht mehr so verbissen nach ihr zu streben und uns an sie zu klammern, wie wir dies gegenwärtig tun», sagt Marilyn French.[19]

Fragen nach der Parteilichkeit und der Wahl der Mittel

Die Beispiele für die Komplizenschaft von Frauen stammen aus verschiedenen historischen Epochen, eine Komplizenschaft in vielfältigen Formen, Kleidern und Gesichtern, die immer auch Ausdruck des gerade vorherrschenden allgemeinen gesellschaftspolitischen Klimas ist. In Zeiten, in denen wie im Faschismus ein Unrechtssystem den Herrschaftsapparat besetzt und mit Terror und einem ausgeklügelten Bespitzelungssystem alle Gesellschaftsschichten bis in den letzten Winkel durchdringt, umklammert hält und kontrolliert und auf GegnerInnen mit besonders harten Sanktionen reagiert, zeigt sich die Komplizenschaft eher in Form von stummen Mitläuferinnen. Da andererseits aber auch die Gewalt in diesem System legitimiert ist, erscheint es geradezu als «normal», daß Frauen auch daran teilhaben, direkt oder indirekt, sei es als Beifall klatschende Gafferinnen, Denunziantinnen, die in Kauf nehmen, daß ihre Opfer in die Vernichtungslager geschickt werden, oder als brutale KZ-Aufseherinnen.

In Zeiten eines allgemeinen Aufbruchs, wie sie Eroberungen, Kriege, Revolutionen darstellen, sieht auch die Komplizenschaft anders aus, bringt sie Pionierinnen, Abenteuerinnen, Revolutionärinnen, auch Frauen mit der Waffe in der Hand hervor – auf jeder der gegnerischen Seiten. Wenn wir uns jedoch nicht mit dieser Feststellung zufriedengeben, müssen wir weitere bange Fragen stellen, zum Beispiel die nach der Parteilichkeit. Denn was bringt es, wie Marilyn French «faschistische und sozialistische Revolutionen» in einem Atemzug zu nennen, sie einfach gleichzusetzen? «An allen revolutionären Erhebungen der ersten Hälfte unseres Jahrhunderts waren Frauen maßgeblich beteiligt», sagt sie unter der Überschrift «Faschistische und sozialistische Bewegungen» und führt dann weiter aus: «Schon in den achtziger und neunziger Jahren des 19. Jahrhunderts schlossen sich Italienerinnen einer als fasci bekannt gewordenen anarchistisch-kommunistischen Bewegung gegen kirchliche Verordnungen an. Spanische Frauen trugen die anarchistische Bewegung vor dem Spanischen Bürgerkrieg (1936 bis 1939) entscheidend mit. Indische Frauen engagierten sich aus tiefstem Herzen in der gewaltlosen Widerstandsbewegung Gandhis, und manche von ihnen blieben nicht bei der Gewaltlosigkeit, sondern wurden zu Terroristinnen und Attentäterinnen…»[20]

Da wird in unverantwortlicher Weise alles in einen Topf geworfen, was sich «Revolution» nennt, und nicht mehr nach den Ursachen gefragt, ein Bild neben das andere gestellt und nur Erscheinungsformen oberflächlich benannt. Ausgeklammert wird so auch die Frage nach der Parteinahme, Parteilichkeit. Sieht man näher hin und streift nicht nur flüchtig wichtige soziale und politische Bewegungen, wird man feststellen, daß zum Beispiel Frauen nicht nur *vor* dem Spanischen Bürgerkrieg aktiv waren, sondern *sich an den Kämpfen beteiligt haben*, auf *beiden* Seiten, auch auf der Seite von Francos Faschisten. Und selbst zwischen den Frauen auf seiten der Republikaner gab es beträchtliche Unterschiede, vor allem in bezug auf ihr Selbstverständnis als Frauen und Teil einer libertären Bewegung. Die «Mujeres libres» (die «freien Frauen») zum Beispiel faßten feministische Organisationen als «integrierenden Bestandteil» der libertären Bewegung auf. «Sie hielten sich

Die Bücher kosten nur noch
ein Fünftel ihres früheren Preises...

... schrieb der Bischof von Aleria 1467 an Papst Paul II. Das war Gutenberg zu verdanken.

Heute, 500 Jahre später, kosten Taschenbücher nur etwa ein Fünftel bis ein Zehntel des Preises, der für gebundene Ausgaben zu zahlen ist. Das ist der Rotationsmaschine zu verdanken und zu einem Teil auch – der Werbung: Der Werbung für das Taschenbuch und der Werbung im Taschenbuch, wie zum Beispiel dieser Anzeige, die Ihre Aufmerksamkeit auf eine vorteilhafte Sparform lenken möchte.

niemals für eine zweitrangige Organisation innerhalb der anarchistischen Bewegung und wiesen jeden Versuch zurück, der zu ihrer Instrumentalisierung führen könnte.»[21] Dagegen war eine der bekanntesten Anarchistinnen dieser Zeit, Federica Montseny, der Meinung, «daß es nicht ein spezifisches Problem der Frauen gebe, sondern nur ein allgemeines Problem der Menschheit»[22]. Daneben gab es auch die den klassischen Linksparteien angehörenden Frauen, die sich jeweils ihren Parteien zugehörig fühlten.

Gerade in Bürgerkriegen und bürgerkriegsähnlichen Situationen wird deutlich, daß zunächst nicht die Tatsache entscheidend ist, *daß* Frauen sich aktiv beteiligen, wie Marilyn French uns nahelegt, sondern *auf welcher Seite.*

Dies hat eine andere Amerikanerin, die allerdings nicht der Nimbus einer internationalen Feministin umgibt wie Marilyn French, ganz richtig erkannt. Janet Kentners Geschichte der mexikanischen Unabhängigkeitskriege von 1810 bis 1821 dokumentiert, daß Frauen auf beiden Seiten, der Aufständischen der Unabhängigkeitsbewegung und der Königstreuen, gekämpft haben, und zwar mit allen Mitteln, auch mit der Waffe in der Hand. Sie hat sich sogar die Mühe gemacht, Listen zu erstellen mit den Namen der Frauen auf beiden Seiten und deren Aktivitäten. Daß wesentlich mehr Frauen auf seiten der Rebellion waren[23], darf für uns kein Grund sein, uns selbstzufrieden zurückzulehnen; denn Geschichte darf nicht zur Rechenaufgabe verkommen; es kann nicht darum gehen, die «guten» und die «bösen» Frauen schlicht gegeneinander aufzurechnen. Es geht vielmehr um das Postulat einer politischen Moral. Menschen, auch Frauen, müssen sich an ihr messen lassen, das heißt daran, für welche Seite sie sich entscheiden – für Recht oder Unrecht, für oder gegen Unterdrückung.

Ein anderes, besonders eindrucksvolles, wenn auch bedrückendes aktuelleres Beispiel in diesem Zusammenhang liefert die Situation im Chile des Jahres 1973. Damals standen sich Frauen der besser gestellten Schichten und die Frauen aus den Armenvierteln, den «Poblaciones», gegenüber. Während die einen mit ihrem «Marsch der leeren Kochtöpfe» offen die Reaktion unterstützten, die sich anschickte, den demokratisch gewählten sozialistischen Präsidenten Allende gewaltsam zu stürzen, schlossen die anderen sich zu einer «weiblichen Volksfront» für die Verteidigung der Demokratie zusammen.[24] Daß im Fall Chiles der Beitrag der mittelständischen Frauen zum Gelingen des Putsches nicht ausschlaggebend war, sondern vielmehr das Interessenkartell zwischen einheimischem Militär und Kapital und ausländischer (US-amerikanischer Machtpolitik), ist im Hinblick auf unsere Fährtensuche nach Komplizinnen von nachgeordneter Bedeutung. Entscheidend ist in diesem Zusammenhang vielmehr, auf welche Seite sich die Frauen jeweils stellen, wofür sie sich entscheiden. Wenn wir versäumen, diese Frage zu stellen, wird Geschichtsforschung zum Selbstzweck und damit ad absurdum geführt.

Doch nicht genug, wir müssen noch einen Schritt weitergehen und uns die Mittel und Methoden betrachten, mit denen Frauen kämpfen. Wenn unser Anliegen ernst gemeint ist, aus der Geschichte lernen zu wollen, sind wir auch hier gefordert, uns zu entscheiden, Partei zu ergreifen. «Weiblichere» Mittel auf seiten der Reaktion dürfen nicht dazu verführen, deswegen nachsichtiger mit ihr zu verfahren. Umgekehrt haben Frauen, die für legitime Rechte eintreten, oft auch zu gewaltsamen Mitteln gegriffen. Es ist dies also die Frage nach der Legitimität von Gewalt, «gerechtem Krieg», «Tyrannenmord», «Terrorismus» – auch darin gibt es eine lange Tradition von Frauen.

1989 war viel die Rede von der Französischen Revolution, die sich zum zweihundertstenmal jährte. Erinnern wir uns deshalb an die Attentäterin Charlotte Corday, die am 13. Juli 1793 den führenden Jakobiner Jean Marat erstach, der selber genug Morde auf dem Gewissen hatte. Drei Tage später wurde sie guillotiniert. Klopstock schrieb eine elfstrophige Ode auf die «Männin Corday». Für den französischen Historiker Albert Soboul war sie eine Royalistin, und damit lag für ihn das Motiv ihrer Tat klar auf der Hand. Mit letzter Sicherheit ist dies jedoch keineswegs erwiesen. Charlotte Corday hat jedenfalls mit ihrer Tat viel Sympathie und schwärmerische Verehrung geweckt – den Gang der Geschichte hat sie nicht aufgehalten.[25] Vielleicht hatte sie daran geglaubt. Wir wissen es heute besser: Der Mord an einem Diktator oder dem Repräsentanten eines Unrechtssystems beendet dieses nicht.

Und obwohl auch sie das hätten wissen müssen, gab es zweihundert Jahre später wieder Frauen, die den politischen Mord als Mittel benutzten: die Frauen der bundesdeutschen «Rote Armee Fraktion», Italiens «Rote Brigaden» oder der französischen «Action Directe». Eine tragische Entwicklung hatte dazu geführt, daß ihre ursprünglich zutiefst menschlichen Ziele in ihr extremstes Gegenteil verkehrt und sie zu Mörderinnen wurden unter Bedingungen und in einer Zeit, in der die Möglichkeiten einer zivilen, demokratischen Auseinandersetzung längst nicht ausgeschöpft waren.

Trotzdem, so glatt, einfach und logisch sich das vielleicht anhört, ist es nicht. Ich will und kann nicht vereinfachend einem absoluten ahistorischen Pazifismus das Wort reden, will in der (historischen) Betrachtung vielmehr unterscheiden zwischen der Verteidigung eines Landes mit Waffen und einem kriegerischen Angriff, also zwischen denen, die die Verantwortung für einen Krieg oder Bürgerkrieg trugen, und denen, die sich wehrten. «Dort, wo ein Unterdrückerregime auf mehr oder weniger demokratischem Wege an die Macht gelangt ist (sei es sogar einmal ohne Wahlfälschungen) und wo wenigstens dem Anschein nach die verfassungsgemäße Gesetzlichkeit gewahrt wird, entsteht keine Partisanenbewegung, weil noch Möglichkeiten des Kampfes mit friedlichen Mitteln vorhanden sind», sagt Ernesto Che Guevara.[26] Folgt man seiner Logik, gibt es also Ausnahmebedingungen, die den bewaffneten Widerstand legitimieren: *in widerrechtlich an die Macht gekommenen Diktaturen*.

Solche Bedingungen herrschten zum Beispiel in den von Deutschen besetzten Gebieten vor. Ingrid Strobl, als «Mitglied einer terroristischen Vereinigung» verdächtigt und seit Dezember 1987 inhaftiert, hat sich detektivisch auf die Suche nach den *Frauen im bewaffneten Widerstand gegen Faschismus und deutsche Besatzung* gemacht.[27] In mehrjähriger mühevoller Arbeit hat sie Dokumente ausgegraben, Zeugen ausfindig gemacht und befragt. Sie hat auch mit überlebenden Widerstandskämpferinnen gesprochen. Wie unterschiedlich die Zusammenhänge, Bedingungen des Widerstands, politische und geographische Heimat dieser Frauen auch gewesen sind, eines hatten sie gemeinsam, teilen sie bis heute. Auf Ingrid Strobls Frage, warum sie diesen Weg gegangen waren, antworteten sie: «Aber was hätte ich denn sonst tun sollen?»[28] Eine, Fidela Fernandez de Velasca Perez, genannt «Fifi», Frontkämpferin im Spanischen Bürgerkrieg, sagte: «Ich bin froh, daß ich damals das Richtige getan habe. Und in einer vergleichbaren Situation würde ich es wieder tun.»[29]

Die Aufgaben dieser Frauen, ob an der Front gegen Francos Faschisten, gegen die deutschen Besatzer und ihre einheimischen KollaborateurInnen in den Niederlanden, Frankreich oder Jugoslawien oder in den jüdischen Gettos Osteuropas, waren «Zerstörung und Tod»[30]. Unter der «extremen Zuspitzung der herrschenden Verhältnisse durch den Faschismus, die Selektion der beinahe gesamten europäischen Bevölkerung in Arbeitssklaven und Herrenmenschen, in Fortpflanzungswürdige und zu Vernichtende», wurden diese Frauen «in einen Ausnahmezustand katapultiert»[31], in dem es keine anderen Mittel mehr für sie gab. «Ich habe meine Ehre als jüdische Frau verteidigt, und ich habe die Unseren gerächt», sagt eine von ihnen, Dina Krischer.[32] «Wenn all die Gefolterten und Ermordeten das erträumte Morgen schon nicht erleben konnten, so sollten wenigstens ihre Qualen, ihr Tod gerächt werden. Wenn es nicht gelang, das Morden aufzuhalten, dann sollten die Mörder wenigstens büßen.»[33] Jeder Schritt, den sie die deutsche Armee zurückzwingen, ist «ein Schritt zur Verhinderung neuer Massaker ... Dina weiß, daß der Soldat, den sie gerade erschossen hat, noch gestern den Abtransport Lyoneser Juden bewacht hat. Truus weiß, daß der SD-Offizier, auf den sie mit ihrem Revolver gezielt hat, keine Gefangenen mehr machen, foltern und exekutieren kann ...»[34]

Es herrscht Ausnahmezustand, von skrupellosen Faschisten inszeniert. Widerstand, in welcher Form auch immer, ob ziviler oder militärischer, wurde, wenn er entdeckt wurde, mit dem Tode bestraft. Die WiderstandskämpferInnen kämpften mit allen Mitteln, auch mit Gewalt. Aber – «sie wählten bei Anschlägen auf Einzelpersonen ihre Opfer sehr gezielt aus. Ihre Attentate galten Offizieren des SD, der Gestapo, der SS, Kollaborateuren und Verrätern.»[35] Das war möglich, solange es sich um Einzelkämpfe von PartisanInnen handelte, nicht aber, wo sie einer Armee gegenüberstanden. Dort konnten sie «keine Rücksicht darauf nehmen, ob ein Angehöriger der deutschen Armee, die den reibungslosen Ablauf der Mordmaschine deckte, vielleicht nicht damit einverstanden war, daß er in diesem fremden Land im Schneesturm fror und auf Menschen schießen mußte, die auf der anderen Seite des Schützengrabens vielleicht genauso zitterten vor Angst wie er selbst»[36].

Lassen wir dazu eine andere Zeugin zu Wort kommen, Lyudmila Pavlitschenko, Leutnant in der Roten Armee. Nicht irgendein Leutnant, sondern Scharfschützin. Im September 1942 tagte in Washington ein internationaler Studentenkongreß, an dem sie als Vertreterin der Sowjet-Studentinnen teilnahm. Ihre Rede wurde im *Freien Deutschland*, dem Organ der deutschen Emigranten in Mexiko, nachgedruckt.[37]

Lyudmila Pavlitschenko stellte sich zunächst vor: «Ich bin Ukrainerin. Ich wurde vor 26 Jahren in der nicht weit von Kiew liegenden Stadt Belaya Tserkow geboren. Ich bin ein unauffällig aussehendes Mädchen, von mittlerer Größe und mit dunklem, braunem Haar...» Dieses Mädchen sollte die Militär-Ingenieursschule besuchen. Doch zunächst wollte sie nichts davon wissen: «Zuallerletzt dachte ich an Krieg und militärische Dinge. Interessiert war ich an Geschichte.» 1937 begann sie an der Kiewer Universität zu studieren: «Ich träumte davon, Lehrerin zu werden, statt dessen aber bin ich ein Scharfschütze geworden.» Schießen hatte sie bereits als Sport gelernt. «Es war rein zufällig, daß ich dazu kam», sagte sie, denn sie war «für alle Arten von Sport begeistert: Laufen, Springen, Diskuswerfen, Rudern, Schwimmen, und ich dachte sogar daran, meine Kräfte am Gewichtstemmen auszuprobieren».

Als der Krieg ausbrach, war sie in Odessa. «Man wollte Mädchen in die Armee nicht aufnehmen. So mußte ich alle möglichen Tricks anwenden, um hineinzukommen. Nach kurzer Zeit war ich ein Soldat wie alle anderen und nahm an der Verteidigung von Odessa teil.» Der Krieg war für sie «eine persönliche Abrechnung», und sie begann ihn so: «Ich war an der Reihe, in die Feuerlinie zu gehen. Ich lag da und beobachtete, wie sich die Rumänen ungefähr 100 Meter entfernt eingruben. Uns war vom Kommandeur strikt verboten, ohne seinen Befehl zu schießen. Ich schickte die Schützenlinie entlang die Frage: ‹Darf ich schießen?› und wartete geduldig auf die Antwort des Kommandeurs. Statt dessen sandte er mir die Gegenfrage zurück: ‹Bist du sicher, daß du triffst?› – ‹Ja›, antwortete ich und erhielt den Befehl: ‹Gut, dann schieße!› Ich nahm mich zusammen, zwang mich, beherrscht und kaltblütig zu bleiben, nahm vorsichtig das Ziel – und feuerte! Mein Rumäne schwang die Arme in die Luft und stürzte hin.

Ich wartete einen Augenblick. Da erschien ein anderer Kopf. Ich zielte und traf auch ihn. Ein dritter Rumäne lief davon...»

Diese «Feuertaufe» zählte nicht als besondere Leistung, die zwei toten Rumänen galten lediglich als «Probeschuß». Aber von dieser Zeit an wurde sie von den Kameraden als «ein vor dem Feinde geprüfter Scharfschütze» betrachtet. Sie gewöhnte sich bald an das Feuer.

Odessa mußte im Oktober 1941 evakuiert werden. Die Truppe wurde nach Sebastopol verlegt. Bei der Verteidigung der Stadt kamen auf zehn Deutsche ein Russe, und «1500 Flugzeuge überflogen täglich die seit langem leidende Stadt». Sebastopol wurde in Schutt und Asche gebombt, bis es nichts mehr gab als Ruinen. Aber die Verteidiger hielten weiter aus, gaben keinen Zentimeter Boden auf ohne harten Kampf: «Wir mähten die Faschisten nieder wie reifes Korn... 150 unserer Scharfschützen vernichteten 1080 Faschisten innerhalb 20 Tagen.» Sie selbst hatte 309 von ihnen getötet. «Es scheint mir», sagte sie zum Schluß, «daß in der Gegenwart die Hauptaufgabe jedes ernsten jungen Menschen ist, die Faschisten unerbittlich auszurotten. Jeder, dem die Freiheit, Ehre und Unabhängigkeit seines Landes teuer ist, der seine Familie retten will, sollte die Waffe in die Hand nehmen und gegen die Faschisten kämpfen.»

Jeder Soldat, der ihr gegenüberstand, war für sie ein Faschist. Sie sah in ihm nicht mehr den Menschen, der persönlich vielleicht überhaupt nicht mit Hitler, seinen Schergen oder seiner Ideologie sympathisierte und vielleicht nur widerwillig und gezwungen in diesem Krieg kämpfte – für sie war jeder feindliche Soldat ein Vertreter des faschistischen Systems. Und deshalb war es gerechtfertigt, ihn zu töten.

Auch Fifi, die spanische Widerstandskämpferin, sagt: «Es war Krieg, wir mußten die Faschisten aufhalten. Ich habe auf alles geschossen, was sich bewegt hat. Nur –» fügt sie einschränkend hinzu – «sie hätte nie einen Gefangenen töten können.»[38]

Ein Unterschied, ja, aber auch die PartisanInnen können nicht verhindern, teilweise jenem perfiden Mechanismus der Abstraktion zu verfallen, Menschen nur noch als Teil eines Systems und nicht mehr als einzelne Menschen wahrzunehmen, der die Hemmschwelle beseitigt und die Tötung zuläßt. Oder – trotz besseren Wissens – zu töten.

Wenn ehemalige Widerstandskämpferinnen heute erzählen, «sie hätten die Waffe nur zu ihrer Verteidigung getragen, aber nie damit geschossen», ist das vielleicht nicht nur die neuerliche Anpassung an die alte Frauenrolle, wie Ingrid Strobl das interpretiert[39], vielleicht setzt da bei manchen auch eine Art Verdrängungsprozeß ein, der etwas mit der Anwendung von Gewalt zu tun hat?

Nadja, eine junge russische Partisanin, berichtete in einer Sendung von Radio Moskau über die Kämpfe. «Sie erzählte weinend, daß sie einmal einen deutschen Tank beschossen hatte, und dabei sah sie einen ganz jungen deutschen Soldaten mit einem lieben, offenen Gesicht, er zitterte vor Angst – und er starb. Sie sagte, da war ihr bewußt geworden, daß nicht alle deutschen Soldaten Nazis waren. Aber», so Truus, die holländische Widerstandskämpferin, die Ingrid Strobl diese Geschichte erzählte, «sie konnten es sich nicht leisten, solche Unterschiede zu machen.»[40]

Und darin liegt die große Tragödie. Dies gilt für jeden Krieg – und für jede der am Krieg beteiligten Seiten. Damit soll nun keinesfalls die politische und moralische Schuld der Aggressoren gemindert oder verharmlost werden. Es waren die Deutschen, die diesen Krieg begonnen hatten. Die Sowjetunion wurde von den Deutschen angegriffen und hat die Verteidigung ihres Landes mit über 20 Millionen Toten bezahlt. Es kommt mir nicht zu, etwa zu sagen, die SowjetbürgerInnen hätten sich besser nicht verteidigt oder gar die JüdInnen, KommunistInnen, AntifaschistInnen hätten besser keinen bewaffneten Widerstand geleistet.

Ich will etwas ganz anderes sagen, etwas, das mit uns *heute* zu tun hat, nämlich, daß wir, weil wir dies heute wissen, *zukünftige Kriege verhindern* und alle Anstrengungen unternehmen müssen, *gegenwärtige Kriege zu beenden.* Es wird zu oft vergessen, weil es uns in Europa, der Bundesrepublik, nicht unmittelbar und direkt betrifft – obwohl es uns betroffen machen müßte, schon allein deshalb, weil, wie hin und wieder aufgedeckt wird, unsere Rüstungsindustrie damit glänzende Geschäfte macht: Allein im Jahre 1988 gab es 31 Krisenherde in der Welt, war kein Tag ohne Krieg. Wir müssen alles tun, sie zu beenden. Nicht nur um der Menschenleben willen und nicht nur wegen der materiellen Schäden – sondern auch wegen des Verlustes an Menschlichkeit – auf beiden Seiten.

Ich denke an Palästina, Israel, Südafrika, Nordirland, Eritrea, Mozambique, die Philippinen. Ich stelle mir vor, da wachsen Generationen heran, die nichts anderes kennen als Krieg und Gewalt, und frage mich, welche psychischen Schäden diese Kriege – egal auf welcher Seite – hervorrufen, in denen Menschen auf «Kämpfer» reduziert sind, und zwar alle Beteiligten: Männer, Frauen, Kinder.

Leila Khaled zum Beispiel, 1944 in Haifa geboren, 1948 vertrieben, trat mit 13 Jahren in die Widerstandsbewegung ein, wechselte dabei verschiedentlich die Gruppierungen und wurde berühmt durch zwei spektakuläre Flugzeugentführungen. Sie hat einmal gesagt: «Wenn eine Frau sich für diese Phase der Revolution entschied, hieß das den endgültigen Abbruch mit ihrer Vergangenheit. Privatleben und Wünsche waren nur noch zweitrangig.»[41]

Es war genau diese Spaltung zwischen politischem und persönlichem Leben, an der eine andere Frau zerbrochen ist, Beatrice Allende. Sie, Ärztin und Mutter zweier Kinder, Mitglied der Sozialistischen Partei Chiles, Privatsekretärin ihres Vaters Salvador Allende und Mitglied der ELN (der Nationalen Befreiungsarmee), die nach dem Tod Che Guevaras den Guerillakampf in Bolivien fortsetzte, diese Frau tötete sich 33jährig am 12. Oktober 1977 in La Havanna, Kuba. Carmen Castillo, eine andere Chilenin, bekannt geworden durch ihren mutigen Widerstand gegen die Diktatur Pinochets, kommentierte diesen Selbstmord in einem Interview mit der Zeitung *Libération* vom 8. 12. 1977. Danach ist Beatrice Allende am Konflikt zwischen militantem und persönlichem Leben zerbrochen. Die Unterordnung unter männliche Formen der Organisation und Ideale, zu denen «Tapferkeit» und «Heldenmut» gehören, teilen militante Frauen entzwei, treiben sie, wie Carmen Castillo sagte, «in die Einsamkeit, die Zerstörung»[42].

Diese Frauen, die wie die antifaschistischen Widerstandskämpferinnen, wie Lyudmila Pavlitschenko, Leila Khaled oder Beatrice Allende ein legitimes Recht ihrer Völker verteidigten (Beendigung eines aufgezwungenen Krieges, Sicherung des Lebensraumes für das palästinensische Volk, Kampf gegen eine faschistische Militärdiktatur), hatten unter Bedingungen gekämpft, die ihnen aufgezwungen wurden – zum einen von der Gegenseite (z. B. Kampf im Untergrund, und der bedeutet Geheimhaltung, letztendlich also die Anwendung undemokratischer Mittel), zum anderen von den Führern und Strategen der Bewegungen, denen sie sich anschlossen (Disziplin, Unterordnung und militärischer Gehorsam). Die Frauen hatten, selbst wenn sie es wollten, nicht die Möglichkeit, eigene Antworten, Strategien, Mittel und Methoden zu entwickeln. Sie mußten, im Gegenteil, ihr Frausein verstekken, unterdrücken – innerlich und äußerlich.

Julia zum Beispiel, die mit 17 an die spanische Front ging, «hatte sich eine Khakiuniform angezogen, eine Thälmann-Mütze aufgesetzt, die Brüste abgebunden, bis man sie nicht mehr erkennen konnte»[43]. Eine andere, Truus Oversteegen aus dem holländischen Widerstand, hat sogar «Jungen-Unterwäsche» getragen, um sich echt vorzukommen. «Es war schrecklich», sagt sie heute, «ich trug den Schlitz nach hinten, aber das hat es auch nicht besser gemacht.»[44]

Sich als Mann kleiden mußten auch die frühen Frauen, die als Soldatinnen in Männerarmeen eintraten. Franziska Scanagatta zum Beispiel hatte zwei Jahre lang die Wiener Militäranstalt als Mann absolviert, wurde dann dem St. Georger Grenzregiment zugeteilt, machte 1799 die Belagerung von Genua mit und zeichnete sich besonders aus. Zum Leutnant befördert, bekannte sie auf Drängen ihres Vaters ihr wahres Geschlecht, erhielt ihren Abschied und die ihr zustehende Pension. Auch an den Napoleonischen Befreiungskriegen nahmen Frauen teil, Eleonore Prochaska zum Beispiel, die als freiwilliger Jäger des Lützowschen Freikorps unter dem Namen August Renz in der Schlacht bei Göhrde schwer verletzt wurde und am 5. Oktober 1813 an diesen Verletzungen starb. Diese beiden Beispiele kommentiert die Zeitung *Die Freundin*, ein Blatt für «alle homosexuell veranlagten Frauen», so: «Aber nicht nur Mut und Vaterlandsliebe ist es, wenn die Frau den Rock auszieht und zur Litewka greift, sondern fast immer das Bestreben, den Beruf ganz auszufüllen, der erst die wirkliche innere Freiheit und Befriedigung verschafft. Diese Frauen empfanden männlich und wollten demgemäß auch dem Manne in nichts nachstehen.»[45]

Männerkleidung, Männerhandwerk werden zum Synonym für Freiheit. «Sich als Mann zu verkleiden war sie nicht gezwungen, weil sie Frauen für minderwertig hielt, sondern weil Frauen unterdrückt wurden. Sie hatte klar erkannt, daß sie Freiheit für sich nur als ‹Mann› erreichen konnte», sagt Charlotte Bunch von Catalina de Erauso, der «seltsamen Nonne» aus dem 17. Jahrhundert. Das Motiv, als ‹Mann› der unterdrückten Lage als Frau entfliehen zu wollen, zieht sich wie ein roter Faden durch alle Biographien von Frauen, die – mit oder ohne Männerkleider – auch Waffen gebrauchten. Das gilt auch für die meisten Frauen als antifaschistische Widerstandskämpferinnen. Eine von ihnen, Julia Manzanal, «Chico», «Junge», von den Kameraden genannt, ist «zum erstenmal glücklich», als sie die Militärausbildung erhält. «Sie lernt eine neue Welt kennen, eine Welt, in der ihr erstmals die Männer nicht nachstellen, sondern sie respektieren, eine Welt, in der sie sich als Mann kleiden und frei bewegen kann.» [46]

Diese jungen Frauen taten den Schritt in den bewaffneten Widerstand für die «große und heilige Sache», empfanden ihn aber fast immer auch «als radikalen und endgültigen Bruch mit den Gesetzen der Weiblichkeit» [47]. Und es war ja auch tatsächlich eine andere Welt, in die sie sich begaben: Kameradschaftliche Atmosphäre, keine Unterschiede zwischen Frauen und Männern, «in den reinen Kampfeinheiten kochten auch die Männer, die Frauen nahmen an jedem Einsatz teil, egal wie gefährlich er war», und es gab keine sexuellen Belästigungen von Partisaninnen, denn darauf stand die Todesstrafe. [48]

Viele der Frauen, die in Widerstands- und Befreiungsbewegungen gekämpft, ihr Leben riskiert oder geopfert haben, hatten also gute Gründe zu glauben, die Befreiung des Landes würde auch zu ihrer Befreiung als Frau führen. Tragischerweise haben diese Hoffnungen sich nicht erfüllt, nirgendwo. Schlimmer noch, selbst ihre Leiden, Opfer und Taten wurden fast überall unterschlagen.

Wir wissen dies heute alles. Wir wissen auch, daß vom Krieg nur eine Seite profitiert – die Rüstungsindustrie. Wir wissen auch, daß bei Kriegen heute immer auch mit dem Einsatz chemischer und atomarer Waffen gerechnet werden muß. Wir wissen das heute alles – nie waren wir so gut «informiert». Das Argument, «wir wußten von nichts», das so oft als Entschuldigung für mangelnden Widerstand im deutschen Faschismus herhalten mußte, kann heute jedenfalls mit Sicherheit keines mehr sein. Aber es ist offensichtlich keine Frage der *Information* – nie wurde dies deutlicher als heute –, es ist eine Frage der *Einstellung* zu Krieg und Gewalt. Trotz aller Information, so ergab unlängst eine Umfrage, fühlen sich heute «Amerikanerinnen mehr durch sexuell übertragbare Infektionen beunruhigt als von Sorgen um Krieg und Frieden»[49]. Und in der Bundesrepublik streben heute mehr denn je junge Frauen in die Bundeswehr.

Selbst wenn junge Menschen naiverweise ernsthaft an das «Emanzipatorische» von Frauen in einer Armee glauben, diejenigen, die diese Tendenzen schüren und zulassen, müßten es besser wissen. Es kann und darf heute in demokratisch regierten Ländern nicht mehr darum gehen, Frauen in Tötungssystemen «Gleichberechtigung» zu verschaffen, sondern darum, *Armeen, Tötungssysteme, gleichberechtigt für Männer und Frauen abzuschaffen und innerlich zu überwinden.* Das heißt, daran mitzuarbeiten, daß die Mehrheit der Menschen endlich Kriege als Mittel der Auseinandersetzung ablehnt. Nur wenn es keine Armeen und keine Rüstung mehr gibt, wenn wir Gewaltfreiheit nicht nur als Lippenbekenntnisse vor uns hertragen, sondern ernst damit machen in unseren persönlichen Lebenszusammenhängen, wenn wir uns konsequent einsetzen für die Einhaltung von Menschenrechten und die Durchsetzung gerechter ökonomischer Strukturen, wird es keine Kriege mehr geben. Ein weiter Weg. Für Länder, die noch immer nicht souverän über ihre eigenen Geschicke bestimmen können oder von diktatorischen Gruppen beherrscht sind, so fürchte ich, wird dies nicht ohne gewaltsamen, militärischen Widerstand abgehen, und wie zu allen Zeiten werden auch Frauen diesen Kampf teilen. Wir machen es uns zu leicht, wenn wir ihnen die Wahl der Mittel vorschreiben oder sie schlicht zu «Terroristinnen» erklären. Bevor wir vorschnell urteilen, sollten wir vielmehr ihre Mittel und Methoden im Licht der Legitimität von Widerstand, aufgrund ihrer Parteilichkeit begreifen und alles unternehmen, die Ursachen, die vielfach auch auf unserer Seite, den BürgerInnen der demokratischen mächtigen Industrienationen, liegen, mit unseren Mitteln und Methoden zu beseitigen helfen. Wenn wir aber darauf beharren, Konsum und Luxus ungehemmt weiterzubetreiben, wenn wir die ungleichen, ungerechten wirtschaftlichen Beziehungen zwischen unseren dominanten Ländern und den armen Ländern stillschweigend akzeptieren, wenn wir die Einmischung und Bevormundung anderer Länder durch unsere Regierungen dulden – dem «Zeitgeist» des ausgehenden 20. Jahrhunderts gemäß –, dann machen auch wir uns mitschuldig und werden zu Komplizinnen.

Die abgewandte Seite des Mondes

Zurück zu den historischen Komplizinnen von Männern, Herrschenden, Unrechtssystemen. Welche Gründe haben sie, welche Motive?
Lassen sie sich verführen? Kaufen? Was steckt hinter der Entscheidung
der einzelnen? Worin besteht der Tauschwert der Komplizenschaft? –
Diese Fragen erinnern an Wegweiser in einem unbekannten Land, reichen in Tiefen noch unbeschriebener, unerforschter Zustände, führen
auf die der Sonne abgewandte Seite des Mondes in die Kälte. Ich finde
keine eindeutige Antwort darauf, sehe mich vielmehr einem vielschich-
tigen Gestrüpp, einem Geflecht individueller und gesellschaftlicher
Disposition gegenüber; verschlungene Lianen von Vorder- und Hin-
tergründigem, Bewußtem und Unbewußtem, vielfältig gewichtet und
verwoben, in jedem Einzelfall ein einzigartiges unverwechselbares Muster bildend.

Sicher, in ganz vielen Fällen geht es vordergründig um handfeste materielle Vorteile. Das kann stufenlos von der Sicherung des eigenen Le-
bensunterhalts bis hin zur Anhäufung von Reichtum oder gesellschaft-
lichem Aufstieg reichen. Doch ist das keineswegs ein durchgängiges
Motiv oder das alleinig vorherrschende; denn der Preis der Komplizenschaft ist immer auch, manchmal auch ausschließlich, immaterieller
Natur: der Wunsch nach Selbstverwirklichung, ein bißchen Anerkennung, Zuwendung von denen, die sie lieben, denen sie sich zugehörig
fühlen, die für sie wichtig sind, Männer – Väter, Brüder, Geliebte, Ehemänner. Im Grunde eine Aufwertung der Abhängigkeit, Zierat am Kä-
fig. Dahinter versteckt sich in manchen Fällen die Angst auszubrechen,
die Konsequenzen einer Loslösung zu tragen. Aber auch, Vorgefunde-
nes, allgemein gültige Werte, gesellschaftliche Normen, den «Zeitgeist» unreflektiert zu übernehmen, mit dem Strom zu schwimmen, sei
es, weil das Individuum diesen nichts Eigenes, Besseres entgegenzusetzen hat, sei es um die Zugehörigkeit zu einer Gruppe, die vermeintliche
Sicherheit verspricht (Familie, Gesellschaftsschicht, Staat), nicht aufs
Spiel zu setzen, weil keine greifbaren Alternativen in Sicht sind, weil
Frauen keine Übung darin haben auszubrechen. Vielleicht sind die
Alternativen auch nicht verlockend – ausgestoßen, allein, auf sich
selbst gestellt zu sein oder sich einer gesellschaftlich geächteten

gegnerischen Gruppe anzuschließen. Und nicht nur das, es fehlen oft die kleinen Lernschritte, die dazu führen könnten, Ermutigungen und Beispiele oder doch das Wissen darum, das kollektive Bewußtsein, die Identifikationsmöglichkeiten. Dazu gesellt sich oft die Angst vor Unbekanntem, der Mangel an Zivilcourage, die Angst vor Bestrafung und Liebesentzug. Aber genauso gibt es das Gegenteil, Frauen, die mutig aus der ihnen traditionell zugewiesenen Rolle ausbrechen, «männlicher» als Männer die Gelegenheit benutzen, sich «zu beweisen» – und bewußt oder unbewußt in Kauf nehmen, daß das oft nur auf Kosten anderer möglich ist.

Das Streben nach Teilhabe an der glänzenden Welt der Mächtigen, der Herrschenden, die Internalisierung der eigenen Minderwertigkeit, die leichter aufzuheben ist durch die Identifikation mit Siegern, Herrschenden als durch den mühsamen Weg, sich selbst und das Bekannte, Akzeptierte, Gültige radikal in Frage zu stellen – auch solche Motive spielen eine Rolle, ebenso wie Ehrgeiz, Rachegefühle, die aus Verletzungen resultieren, Trotz, sich und anderen – Männern, aber auch Frauen, Müttern, Schwestern, Freundinnen – etwas zu beweisen, destruktive Kräfte, Aggressionen in unerfüllten sexuellen Wünschen und Begierden wurzelnd. Manchmal können schon Verlockungen, Verführungen, ja nur die Andeutung von einem möglichen Glück genügen.

Im Grunde alles Tönungen und Schattierungen jener Farbenskala, durch die wir nicht biologisch, wohl aber gesellschaftlich als Gruppe, Frauen, auszumachen sind, unverwechselbar identifizierbar geworden und durch die wir uns von Männern unterscheiden – offensichtlich auch das ein Potential, das *alles* möglich macht, *die Entscheidung für die Komplizenschaft und die dagegen.*

Ein zugegebenermaßen völlig unbefriedigender Erklärungsversuch, trotzdem birgt er auch *Hoffnung*, weil er die individuelle Entscheidung zuläßt; aber er ist auch *schwerwiegend*, weil er uns damit nicht in sorglose Entschuldbarkeit entläßt, sondern *mit der Möglichkeit der Wahl auch die Verantwortung für die Entscheidung* aufbürdet. Keine Zwangsläufigkeiten also, keine ehernen Naturgesetze, aber damit auch kein Beweis für das «natürlich Gute», «Bessere» von Frauen.

Komplizinnen in der Geschichte sind so gesehen eine logische Folge der einfachen Tatsache, daß Frauen (der unterdrückte) Teil einer Gesellschaft sind und sich selbst in *erster Linie* mit ihrer Gesellschaft entweder als ganzer oder mit einer ihrer kulturellen, politischen, nationalen oder sozialen Gruppe identifizieren. Was erschreckt, ist die Universalität, daß es sie überall und immer gegeben hat. Je brutaler die gesellschaftlichen Rahmenbedingungen – um so verheerender die Komplizenschaft. Noch mehr erschreckt, daß dieser Teil der Geschichte tabuisiert und ausgeblendet wurde, lange Zeit und immer noch und unentwegt weitergestrickt wird an der Legende von den Frauen als dem besseren Geschlecht.

Gewalt und Unterdrückung, politische, wirtschaftliche, soziale Unrechtssysteme sind auch heute nicht aus der Welt und mit ihr nicht die Komplizenschaft von Frauen – überall, auf allen Ebenen. Frauen machen sich zu Komplizinnen, wenn sie die Männerwerte übernehmen oder sie stumm dulden, von ihnen profitieren und so auf ihre Weise zu deren Fortbestand beitragen. Das ist einfach nachzuweisen, wo Frauen überhaupt keine Probleme damit haben, sich in die Männerwelt einzufügen, sich deren Werte zu eigen gemacht haben und schlicht dabeisein wollen, mitmachen, teilhaben wollen, wieviel Verdrängungsarbeit an ihren geheimen Wünschen, Zweifeln, Sehnsüchten, Träumen sie das vielleicht manchmal auch kosten mag. Aber, das gilt auch dann, wenn Frauen die Komplizenschaft weit von sich weisen würden, da sie sich entweder überhaupt nicht oder zumindest nicht ungebrochen mit diesen Werten identifizieren.

Liebe, Nähe, Solidarität zum Beispiel, die Frauen in der Frauenbewegung gelernt, erfahren, praktiziert haben, waren nie durchgängig, sondern haben auch ihr antagonistisches Gegenteil hervorgebracht – Haß, Verrat, Konkurrenz.

Vertreibung aus dem Paradies

Vielleicht, wahrscheinlich sogar, habe ich nie richtig dazugehört, jedenfalls entwickelte ich schon früh eine sehr ambivalente Haltung gegenüber der «neuen deutschen Frauenbewegung». Nach außen hin war mir zuviel von «heiler Welt» und «Frauengemeinschaftsgefühl» die

Rede, die ich im Innern (ich lebte damals in Hamburg, später in Berlin) vergeblich gesucht habe. Zum Beispiel erinnere ich mich an die Treffen im Hamburger Frauenzentrum, bei denen ich regelrechte Angstzustände hatte einzugestehen: «Ich lebe mit einem Mann.» Zweierbeziehung war damals so etwas wie «Verrat an der Sache», hatten sich doch Frauen als Wortführerinnen an die Spitze der Bewegung gesetzt, die wußten, wo's langging – und das war keinesfalls gemeinsam mit Männern. Die Intoleranz, die sich dahinter verbarg, die «andere Diktatur», lernte ich aber auch in anderem Zusammenhang kennen.

Natürlich hatte ich auch Fehler gemacht. Ich hatte zuviel erwartet, hatte verbale Äußerungen über Betroffenheit und Gemeinsamkeit für bare Münze genommen. Und ich hatte, so wurde mir klar, im Grunde die Frauenbewegung als einen heilen Ort, eine Art unzerstörter Heimat, als Refugium betrachtet. Doch in Wirklichkeit gab und gibt es das nicht – «kein Ort, nirgendwo».

Die endgültige Vertreibung aus meinem «Frauenparadies» aber erfolgte, als ich begann, mich mit der Geschichte von Frauen im Kolonialismus zu beschäftigen, und eine ganz andere als die übliche Geschichte von Frauen entdeckte, nicht mehr nur Opfer, sondern Täterinnen. Den Anstoß dazu gab die Begegnung mit Frauen aus der sogenannten «Dritten Welt». Ich hatte in Berlin endlich Frauen gefunden, die ähnlich dachten wie ich, für die Politik, Situation der Menschen in der «Dritten Welt» und unsere Beziehungen als reiches Land zu diesen Ländern wichtig waren und ihre Situation als Frauen. Nicht nur das Private war für uns politisch, sondern auch das, was gemeinhin als «Politik» verstanden wurde, war uns wichtig. Es war eine internationale Gruppe mit einer Afghanin, Frauen aus Südafrika und Namibia. Wir hatten uns um eine besondere Aktion herum gefunden: Eine Gruppe von Frauen aus der Westsahara wollte kommen, in der Bundesrepublik und West-Berlin eine Öffentlichkeitskampagne durchzuführen über ihre Situation. Wir wollten sie in West-Berlin betreuen.

Die Westsahara ist bis heute kein unabhängiges Land. Kolonialismus ist für das Volk der Sahouris kein historischer Begriff, sondern tagtäglich gelebte Erfahrung. In den Diskussionen mit den sahourischen Frauen war viel die Rede von «Kolonialherren». Irgendwann, sensibel geworden durch die Frauenbewegung für den Umgang mit Sprache, fragte ich mich, ob es tatsächlich nur Männer waren, die den Kolonialismus zu verantworten hatten. Und ich begann dieser Frage nachzugehen. Das Ergebnis meiner Arbeit, drei Jahre Quellenstudium, wurde im Februar 1982 veröffentlicht. Zu diesem Zeitpunkt war ich schon einige Monate in Djibouti und arbeitete dort in einem Projekt der Technischen Zusammenarbeit mit der nationalen Frauenunion des Landes, UNFD. Da passierte folgendes: Zwei Frauen sagen sich an, die UNFD zu besuchen. Bekannte Feministinnen. Ich kenne und schätze ihre Veröffentlichungen. Sie kommen, nehmen sich nicht die Zeit, hinzusehen, zuzuhören, was augenblicklich das wichtigste Problem der djiboutischen Frauen ist – aus deren Sicht. Das ist ihrer Meinung nach nicht nötig, denn sie kommen mit klaren Vorstellungen, wissen, was zu tun ist: «Schluß mit der Beschneidung», sagen sie. Wenn die UNFD mit einer öffentlichen Kampagne gegen Beschneidung beginnt, könnte sie dafür Geld, viel Geld bekommen. Das erinnerte mich fatal an die Missionarspolitik der Kolonialzeit: Die Afrikaner bekommen Schulbildung, Arbeit, ja das Paradies verheißen, wenn sie sich den Regeln der Weißen unterwerfen, deren Bedingungen akzeptieren. Das erinnerte mich auch an meine eigenen Erfahrungen mit den «Päpstinnen» der Frauenbewegung. Die Djibouterinnen, sensibel gegen alte und neue Bevormundungen, haben das «großzügige Angebot» abgelehnt. Sie gehen mit dem Problem Beschneidung um auf ihre Weise: behutsam, in kleinen Schritten, ohne Lärm, mit viel Geduld und Aufklärungsarbeit...

«Es gibt kein Frauenland jenseits unserer Gesellschaft. Wir sind nicht rein und gut – auch wir Frauen haben patriarchalische Strukturen in uns, die wir nicht dadurch auflösen, daß wir genügend über uns nachdenken oder die Mondin anbeten», sagt Barbara Köster in dem 1983 erschienenen Band «Schwesternstreit»[50], in dem einige der «heimlichen und unheimlichen Auseinandersetzungen zwischen Frauen» thematisiert werden. Nur wann, so frage ich mich, werden wir das endlich akzeptieren?

Was not tut, ist, die schützenden Gärten der Unschuld zu verlassen, das Privileg der Unschuld – die Opferrolle zur Erhaltung eines ewig guten Gewissens – aufzugeben. Frauen nicht zu abstrakten Ideen verkommen zu lassen, sondern mit ihrem ungeteilten menschlichen Potential zu sehen, sich auch mit den ungeliebten verdrängten Eigenschaften auseinanderzusetzen. Sich umzusehen und Verbündete zu suchen im Geiste einer *neuen Komplizenschaft*, mit Frauen, Männern aus der «ersten», «zweiten», «dritten», «vierten» Welt, die bereit sind, sich dafür einzusetzen, daß menschenwürdiges, selbstbestimmtes Leben für alle Menschen möglich wird überall in dieser Welt. Wir haben nur die eine und tragen *alle* mit an der Verantwortung für ihren Zustand, *auch alle Frauen.*

Anmerkungen

1 Zit. bei Hans Joachim Werbke: Die abgewählte Göttin Indira Gandhi, in: Zeit Zeichen, Radiotexte, hg. von Marianne Lienau und Wolf Dieter Ruppel, FFM 1978, S. 93
2 Ders., a. a. O., S. 94
3 Vgl. Hans Gresmann: Sieg mit Tränen; Neuer Ministerpräsident von Ceylon: Frau Bandaraneike, in: Die Zeit v. 29. 7. 1960
4 Wie Fußnote 3
5 Joseph Maria Hunck: Weinende Witwe «ist zum Volke heruntergekommen» in: Handelsblatt v. 5. 8. 1970
6 Vgl. z. B. Margret Bover: Die Politik der heilenden Hand, in: Frankfurter Allgemeine vom 5. 11. 1960
7 Hans Gresmann, wie oben
8 Confidence of a Women Prime Minister, The Times (London) v. 28. 7. 1960
9 Werner Adam: Mit Tränen an die Macht, in: Frankfurter Allgemeine v. 7. 9. 1974
10 Derek Davies: ‹I have a political future›, Interview / Sirimavo Bandaraneike, in: Far Eastern Economic Review (Hongkong) v. 20. 2. 81
11 Vgl. Süddeutsche Zeitung v. 18. / 19. 2. 1989
12 Nach: «Mißbrauch der Entwicklungshilfe: Im Netz der Militarisierung am Beispiel des Entwicklungshilfevorhabens Bondoc auf den Philippinen, unveröffentlichtes Manuskript von Gebhard Körte, Manila 1989
13 Vgl. James Clad: Poor get poorer, in: Far Eastern Economic Review vom 18. August 1988
14 Zeugenaussagen führender AMIHAN-Mitgliederinnen anläßlich eines Interviews, das ich am 18. Mai 1989 in Manila mit ihnen führte. Zahlreiche Menschenrechtsverletzungen wurden u. a. auch dokumentiert vom Diakonischen Werk der Evangelischen Kirche Deutschlands e. V., Stuttgart, die zusammen mit BROT FÜR DIE WELT, dem Kirchlichen Entwicklungsdienst DIENSTE

IN ÜBERSEE, dem Evangelischen Missionswerk und dem Planungsstab der Arbeitsgemeinschaft kirchlicher Entwicklungsdienst (AG KED) im August die Broschüre «Betrogene Hoffnungen?» herausgaben.

15 In «Mona Lisa», ZDF, vom 9.7.1989: «Cory zwischen Kirche und Kabinett»

16 Interview im ARD Weltspiegel vom 9.Juli 1989, Berichterstatter Robert Hetkemper

17 ZDF-Nachrichten im «heute-Journal» vom 9.7.89, 19 Uhr

18 «Mona Lisa», wie oben

19 Marilyn French: Jenseits der Macht, Reinbek, September 1988, S. 862

20 Dies., a.a.O., S. 358

21 Mary Nash: Mujeres libres. Die freien Frauen in Spanien 1936–1978, Berlin 1979, S. 22

22 Dies., a.a.O., S. 25

23 Janet Kentner: The socio-political role of women in the Mexican Wars of Independence 1810–1821, Ann Arbor 1975; danach kämpften 48 Frauen für die Royalisten und 255 auf seiten der Aufständischen

24 Vgl. hierzu Michèle Mattelart: Der Staatsstreich auf weiblich. Sexismus in Revolution und Konterrevolution. Portugal, Tupamaros, Chile. Haarlem-Westberlin 1975, S. 61–113

25 Vgl. dazu: Eckart Kleßmann: Mit Glut auf der Wange, FAZ v. 4.10.1988, und Sibille Knauss: Charlotte Corday, Hamburg 1988

26 Ernesto Che Guevara: Der Partisanenkrieg, Berlin o.J., S. 12

27 Ingrid Strobl: «Sag nie, du gehst den letzten Weg», FFM Nov. 1989

28 Dies., a.a.O., S. 31

29 A.a.O., S. 29

30 A.a.O., S. 306

31 A.a.O., S. 328

32 A.a.O., S. 329

33 A.a.O., S. 329/30

34 A.a.O., S. 330

35 A.a.O., S. 26

36 Wie 32

37 Freies Deutschland, Mexico, Nr. 12, Oktober 1942, S. 32

38 Ingrid Strobl, a.a.O., S. 49

39 A.a.O., S. 102

40 Dies., a.a.O., S. 119/20

41 Leila Khaled: Mein Volk soll leben, 2.Aufl., München 1977, S. 96

42 Übersetzung und Nachdruck des Interviews mit «Libération» in «Protokolle» Nr. 21, Münster 1978

43 Ingrid Strobl, a.a.O., S. 59

44 Dies., a.a.O., S. 107

45 Mit den Abkürzungen P.W. unterzeichneter Artikel «Frauen als Soldaten» in: «Die Freundin», 9.Jg., Nummer 4 vom 25.Januar 1933

46 Ingrid Strobl, a.a.O., S. 61

47 Dies. a.a.O., S. 318

48 A.a.O., S.97
49 Hans Harald Bräutigam: Die Keime der «zweiten Generation», in: Die Zeit v. 9.9.1988
50 Barbara Köster: Zur Frage der Klassenunterschiede zwischen Frauen, zus. mit Birgit Cramon-Daiber und Monika Jaeckel, in: Schwesternstreit. Von den heimlichen und unheimlichen Auseinandersetzungen zwischen Frauen, Reinbek 1983, S. 179